現代新訳

鳩翁道話《きゅうおうどうわ》

柴田鳩翁 口述

福井栄一 訳

青娥書房

現代新訳

鳩翁道話《きゅうおうどうわ》

柴田鳩翁

福井栄一 訳

まえがき

君たちはどう生きるか。

江戸時代の町人哲学である心学は、それを問いかけ、道を示してくれます。

先導してくれるのは、卓抜な話芸で聴衆を魅了した、心学者　柴田鳩翁（一七八三年～一八三九年）です。

心学とは何？　まずはお読みいただく前に、ごくごく簡単ですが触れておきましょう。

心学とは、仏教・神道・儒教を融合させ、人の正しい道をわかりやすく説くものです。江戸時代の中期から都市住民に広がり、やがて武士や農民層へも浸透していきました。なかでも本書の柴田鳩翁はわかりやすい言葉、たとえを駆使してこの説を広げてゆきました。

この本『鳩翁道話』は、鳩翁の口述録です。ただ不思議なことに、現代語訳がほとんどなく、まとまった形での現代語訳はこの拙稿が本邦初のものとなります。

人生の悩みには、本書が一番の薬。どうぞ安心してお読みください。

上方文化評論家　**福井栄一**　識

もくじ

『続　鳩翁道話』

本文イラスト／竹中茂美

『鳩翁道話』

【壱乃上】京の蛙・大坂の蛙、そして栄螺《さざえ》どん

仁とは何でしょうか。

仁とは、つまるところ、無理のないことをいいます。

そして、無理のないのがすなわち人の心だと、中国の孟子先生もおっしゃっておられます。

めいめいが無理のない心でもって、親に仕えれば孝行となり、主人に仕えれば忠義となります。むろん、夫婦や友人同士の間でも同じことです。

例えば、ここにある一本の扇。

誰が見ても扇に他ならず、これで鼻水をかんだり、尻を拭いたりする者はおりますまい。

扇はあくまで扇であって、婚儀の席に携えたり、あおいで涼をとったりするのが本義です。

それと同じく、両親を両親として無理なく接すれば、おのずと子の孝行は成るというものです。

もしもあなたが、親を泣かせたり、主人を難渋させたり、夫に腹を立てたり、女房に気

苦労をさせたり、兄を侮ったり、弟を傷つけたりしているとしたら、それは扇で尻を拭くようなものです。言うべきでないことを口にし、すべきでないことを仕出かすのは、心のねじれが原因です。

古歌に、

鳴る滝の　夜の嵐に　くだかれて
散る玉ごとに　宿る月影

とあります。

夜の嵐に吹き散される水滴の一粒一粒にも、月の美しい光が宿っています。

私たち一人ひとりにも、本来、仁の精神は宿っているはずです。周囲の人たちに対するご自分の日々の言動を、とくと思い返してみられては如何でしょうか。


さて、こんな話もあります。

昔、京に住む蛙が念願の難波見物に出かけました。

のたのたと這《は》い進み、山崎を経てようやく天王山へ。

一方、大坂に住む蛙は宿願の京見物へと出かけ、懸命に這い進んで、高槻、山崎をうち過ぎ、天王山を登りにかかりました。

そして、山の頂きで二匹はばったり出くわしたのでした。

同じ蛙どうし、ここまでの艱難辛苦《かんなんしんく》をさんざんに愚痴りあった後、京の蛙が言いました。

「これだけ苦労したのに、道程はまだ半分だ。この調子でお互い旅を続けたら、せっかく京大坂へ着いても、足腰が立たなくて、名所見物どころではあるまい」

すると大坂の蛙の曰く、

「言われてみれば、その通りだ。どうしたものか……。おお、いいことを思いついた。幸い、ここは天王山の頂き、京大坂がひと目で見渡せる。お互い後ろ足で立って背伸びして見たら、実際には行かずとも見物できるぞ」

京の蛙も、

「なるほど。そりゃ名案だ」

と大喜び。

やがて二匹は互いに前足を両肩へ乗せ合い、ぐっと背伸びをしてみました。

京の蛙は言いました。

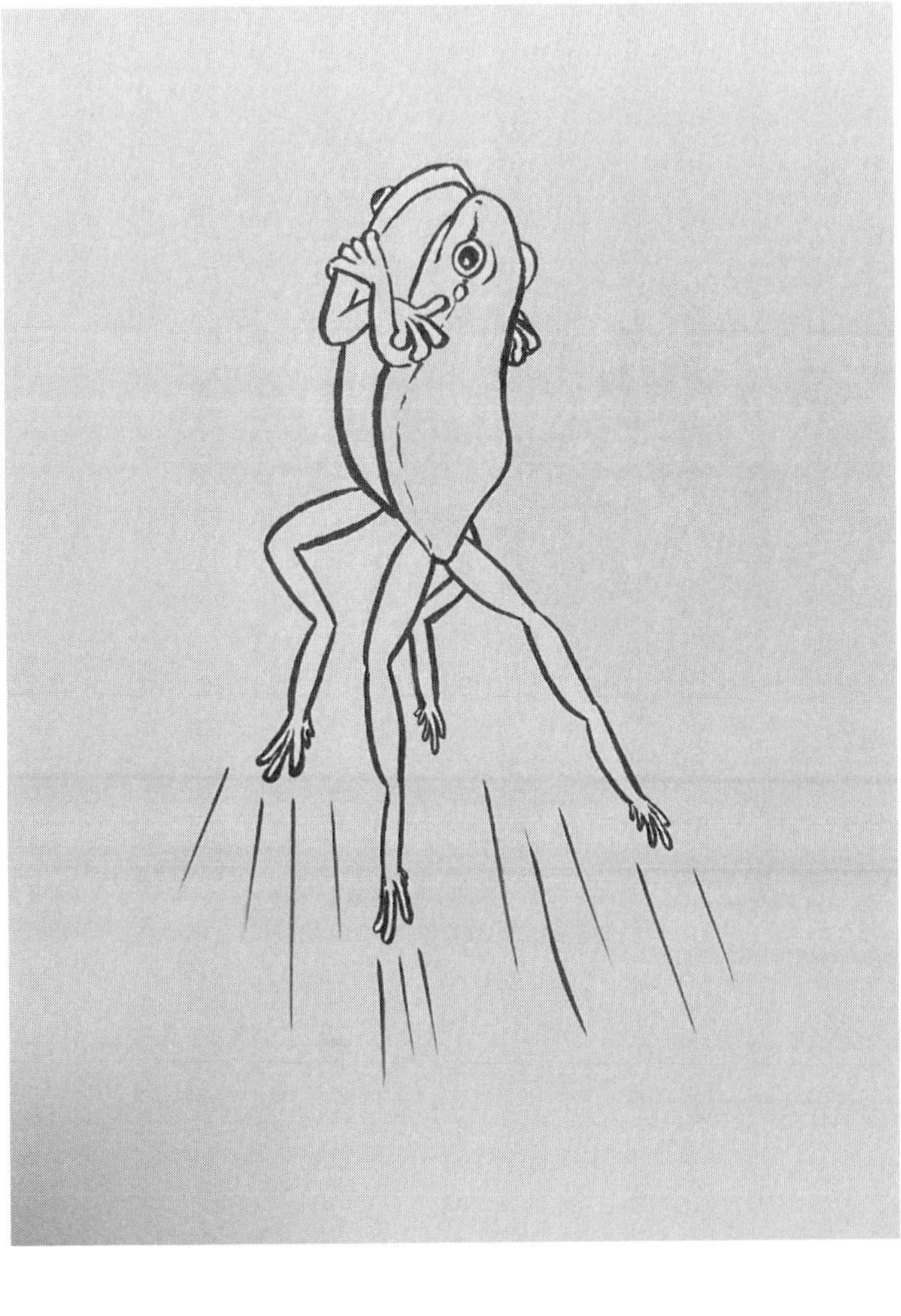

「ややっ、音に聞こえた難波の町も、こうして見ると京の町と大して変わらんぞ」

大坂の蛙も目をぱちくりしながら、あざ笑いました。

「京から来たお前さんには悪いが、花の都とやらも、大坂と代わり映えしないな」

ほどなく二匹は、

「こりゃ、わざわざ足を痛めて行く必要もないわい」

とつぶやきながら、元の道を引き返して行きました。

お分かりでしょうか。

蛙の目は背中側についていますから、伸び上がって見えたのは、前に広がる新しい景色ではなく、背後に見えるお馴染みの景色。つまり、京の蛙が難波と思ったのは京の町、大坂の蛙が京と思ったのは難波の町だったのです。

己のそれまでの料簡にとらわれ過ぎ、周囲の変化や新しい物事が目に入らない。

あなたは二匹の蛙のことを笑えますか。

もうひとつ、別の話を挙げましょう。

栄螺《さざえ》という貝をご存じでしょう。

栄螺は硬くて分厚い殻に包まれているうえ、丈夫な蓋《ふた》まで具えています。何か変事があるごとに、栄螺がその扉をピシャリと閉めるので、見ていた鯛や鱸《すずき》は羨ましがり、平素からこう言っていました。

「栄螺どん、お前さんはええのぉ。お前さんの体は堅固な城のようじゃ。殻は硬いし、いったん蓋を閉じたてようものなら、外からは誰も何とも手が出せぬ。泳いで逃げるしか能のない俺たちとは、大違いじゃ」

栄螺はこう言われるたび、

「そうはおっしゃいますが、この殻や蓋というものは重くて扱いが大変。私だって苦労しているんですよ。まあ、確かにこれだけ丈夫な殻や蓋があれば、怖いもの無しと言えなくもないですがね」

と卑下自慢を決め込んでいました。

と、そのうち、辺りでいきなり、ざっぷりと怪《あや》しい物音がしました。

栄螺は内から扉を素早く閉め、殻の中に閉じこもりました。

「さっきの物音はいったい何だったのか。漁師の網か、釣り針か。これだから、殻や蓋がないとかなわぬのだ。鯛どんや鱸どんは、捕まってしまったかな。気の毒なことだ。まあ、俺だけは何とか助かった」

しばらくすると、周囲が静かになりました。

「もうそろそろ、よかろう」

と扉をそっと開け、おそるおそる外を窺《うかが》うと、どうもいつもと勝手が違います。

もう少し顔を出してよくよく見ると、そこは魚屋の店先で、自慢の殻には、

「この栄螺、十六文《もん》」

と値札が貼ってありました。


平素から、家がどうだ、財産がどうだ、智慧がどうの、分別がどうの、親がどうこう、子がどうこうと文句を連ねていても、ひとたび天下動乱ともなれば、一切合財、ごろっと変わってしまう、失うこともあります。

己一人の力で、世界が回っているように思うのは、全く心得違いなのです。

仁に則った生き方こそが、社会の安寧と、あなたらしさを保証するのです。

【壱乃下】ばば様の最初で最後のお願い

飼っている犬や鳥の姿が見えなくなったら、飼い主は懸命に行方を捜し求めるでしょう。なのに、己の心を見失っても一向に平気なのは、どうしてでしょうか。

心は身の主《あるじ》です。

いったん、その心が何かに奪われてしまうと、その人の耳に親の意見は入らず、主人や上司の諭《さと》しも胸に響かず、ただ「はい、はい」と、口先だけで返事をするのみ。

なにせ心ここにあらずなのですから、見れども見えず、聞けども聞こえません。

心を失っているのに捜し出そうともせず、親が悪い、上の者が悪い、夫が悪い、兄が悪い、あの男は根性が曲がっている、あの女は性悪だと、周囲の者たちのあら捜しに終始します。それでいて、己の心に立ち戻ることをしないのです。

何としたことでしょう。犬猫のことは尋ね歩くのに、肝心の己の心の行方を尋ねようとしないとは。

先哲たちはこのことを憂いて、望ましい道を私たちに示してくれています。それが学問というものです。

故事来歴を知って、小難しい字面を追うのが学問ではありません。学問とは、心を求めることに他ならないのです。

そして心を求めるとは、わが身に立ち返ることです。

わが身に立ち返るか、それとも、そのままどこまでも迷い往くか。

それによって、あなたの生きる道は、仁と不仁の二つに分かれるのです。


こんな話があります。

ある村の富農の家に、待望の男児が誕生しました。両親は大喜びして、目の中へ入れても痛くない可愛がりようでした。馬の尾の毛を抜いたり、牛の鼻にいたずらしたり、近所の子をいじめたりしていたその息子は、成長するにつれ、どうしようもない不孝者になりました。

大酒は飲む、博奕《ばくち》はうつ、女郎買いに精を出す、他人との喧嘩口論は日常茶飯事。見かねた両親が意見しようものなら、こう言って暴れました。

「口を開けば、俺のことを不孝者じゃ放蕩《ほうとう》息子じゃとののしるが、こちらから頼んで産んでもらったのではない。うぬらが勝手に俺を拵《こしら》えたまでだ。そんなに俺のことが気に喰わぬなら、元いた腹の中へ戻してもらおう。その方が俺も助かるわい」

そのうち、両親は年をとって弱ってきます。息子はますます増長します。とはいえ、やはり子は可愛いものだから、勘当《かんどう》はせずに放置しておくとますます図に乗り、他人をぶん投げたり、腕をへし折ったりする乱暴三昧。

勿論、この息子も母の腹中から悪党であったはずもなく、暮らすうちに心を見失い、いつしか手のつけられぬ乱暴者になり果てたのでした。

弱りきった親類縁者は事あるごとに両親へ詰め寄り、勘当を迫りました。

しかし両親はどうしても踏み切れず、

「今度こそ勘当します、いや明日こそ親類の皆様と義絶します」などと空約束をするばかりで、徒《いたずら》に年月は過ぎていき、かの息子は二十六歳になりました。けれど、依然として悪行は止みません。

業を煮やした親戚連中は、とうとう両親へねじ込みました。

「おたくの息子の無法をあのままにしておくと、今後、親類は言うに及ばず村全体にも、どんな難儀が降りかかるか知れたものではない。どうしても息子を勘当なさらぬというのなら、我ら親類一同、おたくらご夫婦に何の恨みもないけれど、この先、おたくらと一切の関係を絶ち、義絶致したく存じます。それが困るとおっしゃるなら、息子をさっさと勘当なさりませ。義絶か勘当か、二つにひとつ。さっさと選んでもらいましょう」

ここまで言われると、さすがに両親も聞き流すわけにはいかず、

「子ゆえに係累《けいるい》と義絶、とあってはご先祖様に顔向けが出来ません。ついては、今宵、拙宅にて皆様と寄合をさせて頂きたい。その席でとくと相談の上、勘当の願書をしたためたく存じます。願書には親戚ご一同の連印が要ります。今日の日暮れ時に拙宅までご足労下さりませ」

と返事を書き送りました。

さて、かの銅鑼《どら》息子は、今日も今日とて近くの村で博奕にうつつを抜かしていましたが、そこへ自村から悪友が急ぎやって来て、

「おい、暢気《のんき》に博奕なんぞしている場合じゃないぞ。お前が留守の間に、親類一同と両親の間で相談がまとまり、お前の勘当が決したそうな。なんでも今宵、お前の家に皆が集まって、勘当の願書に連印するらしい。いくらお前でも、勘当されたら、さすがに難儀だろうさ」

とご注進に及びました。

これを聞いた息子は怒ると思いきや、こう言って膝を打ちました。

「何？　今晩、俺の勘当の評定《ひょうじょう》が行われると？　こりゃぁ、でかした。面白いことになってきたぞ。このところ、親どもの説教と陰気な顔につくづく嫌気がさしていたのだ。勘当を受けたら、天竺《てんじく》へ飛ばうが唐へ宿替えしようが、己の好き勝手。これほど有難いことはない。よぉし、ここは一番、評定の席へ殴りこんでやろう。そして『俺様を勘当するとは、貴様ら、いい度胸だ』と目を剥《む》いて暴れまわってやる。そうやって荒っぽくゆすりをかければ、詫び料として五十両か七十両くらいは、連中からふんだくれるだろう。そしてその大金を手に京大坂へ上って、面白おかしく暮らすのだ」

息子は上機嫌で仲間と語らい、いつものように大酒をあおりました。そして、日暮れ前、泥のように酔っぱらうと、

「さぁて、そろそろ家へ戻って、連中にひと泡吹かせてやろうかい」

と言って大脇差《おおわきざし》を帯にさし、村へ向かいました。

さて、やがて自邸に着いた息子は、そのまま座敷へ踏み込もうとしましたが、ふと思いとどまりました。

そして、

「今頃は、評定の真っ最中であろう。そこへ『ややや あ、よくも貴様めらが……』と踏み込むのはたやすいが、そうしたら奴らは俺と目を合わせず、しゅんとうつ向いてだんまりを決め込むに違いない。そうなっては興ざめだ。ここは思案を変えて……」

と、そっと庭へ回り、座敷の縁先に身を寄せました。

「そのうちあいつらは、俺がいないのをいいことに、俺の悪口を言い連ねるだろう。ちょうどその時を見計らって障子を踏み破り、『おまえらはよくも、ぬけぬけと』と大音声で見得を切れば、趣向は万全だわい」

息子はそうほくそ笑みつつ、雨戸の隙間から座敷を覗《のぞ》いてみました。

案の定、座敷には親戚一同がずらりと居並び、勘当の願書にひとりずつ捺印しては横の者へ紙を回しています。

やがて願書は両親の目の前へ回ってきました。

「あの糞親仁《おやじ》が印を捺そうとする、ちょうどその瞬間に踏み込んでやるぞ」

と息子は息を詰めて、その時を待っていました。

母親は大声で泣き始めました。父親も無い歯を食いしばって嗚咽《おえつ》し、うつ向いていまし

たが、やがてくぐもった声で、

「おばばや、印判を取って下され」

と言いました。

母親は無言で立ち上がると、箪笥の引き出しから印判を取り出して戻り、夫の前へ置きました。

息子は雨戸の隙間から、その様子をじっと見つめていました。

父親が印肉をつけ、まさに捺印しようとすると、母親が、

「待って下され」

とその手にすがりました。

父親は、

「この期に及んで未練がましいことをするでない。親類じゅうが見ておるのに恥ずかしくないのか」

とたしなめたが、母親はひるまず、泣きながら言ったことには、

「じじ様、マア、聞いてくだされ。このままあの極道息子を勘当せず跡を譲ったら、三年もせぬうらに身代は潰《つぶ》れしまうじゃろ。

けれど、一人息子を勘当したら、その後はどうするのじゃ。家を継がせる養子を貰わねばならぬ。しかし、せっかく貰ったその養子が実直な孝行者とは限らぬぞえ。やはり道楽三昧《ざんまい》をせぬとも限らぬ。

たとえこの歳で家屋敷を失い、住み慣れた村を立ち退いて夫婦で物乞いになろうとも、我が子ゆえの物乞《ものご》いならば、わしは本望に思います。

なあ、じじ様よ。わしはそなたと連れ添うてはや五十年。その間に、わしはそなたへただの一度もお願いごとをしたことはない。そのわしが、いまここで生涯最初で最後のお願いじゃ。後生《ごしょう》じゃから、あの子の勘当はやめてやって下され」

親類一同はこれを聞いて顔を見合わせ、

「さあ、親父殿はなんとおっしゃるか」

と、一斉に父親の方を向きました。

すると父親は何を思ったか、手にした印判を元通り革財布へ入れ、手早くぐるぐると紐を掛け回すと、願書を一同の方へ差し戻しました。

そして、一同の顔を見回し言ったことには、

「皆さん、いまうちのばばが申したこと、至極もっともじゃと思う故、勘当の件はやはは

り取りやめに致そうと存じます。今宵はこちらからお声がけしてお集まり頂きながら、誠に面目次第もございません。

勿論、こう申し上げると、

『そのような甘い心がけでおればこそ、あのような出来損ないの息子が生まれるのじゃ。この親にしてこの子とは、よく言うたものじゃ』

と皆様はお笑いになるでしょう。そうじゃ、その通りじゃ。どうか笑ってやって下され。ばばが申した通り、今あいつを勘当せねば、ウチの身上はもう三年ともちますまい。わしの代でこの家が絶えるのはご先祖様に顔向けが出来ん、それも重々分かっております。

また、

『あんな不心得者を勘当せぬ馬鹿親とは今後付き合わぬ。義絶じゃ、義絶じゃ』

とおっしゃるのであれば、どうぞそうして下さりませ。

わしら夫婦、どんなに銭金《ぜにかね》に困りましても、皆様方へは決して無心など致しません。ええい、人間どうせ一度は死ぬのじゃ。ならば、可愛いい息子のせいで往来で野垂《のた》れ死に、並木の肥やしになったとして、何の後悔がござりましょうか。

そうした訳で、今宵はどうかこのままお引き取り下され。お腹立ちならば、明日から道で会っても物を言うて下さるな。お恨みなど致しませぬ。どうぞどうぞ、わしら夫婦の好きにさせて下され」

こう言って父親は男泣きに泣き、母親はこれを聞き安堵のあまりこれまた泣きじゃくりました。

一同は呆《あき》れて言葉も出ず、ただ泣き暮れる老夫婦を見やるばかりでした。

一部始終を見聞きした息子は、袖を噛《か》み、庭にのたうち回って号泣しました。

息子の腹の中は空っぽではありませんでした。

実は息子の中にも、元から人間生来の心、徳が具わっていました。その光が、己の身勝手我が儘《まま》のせいで、長年、隠されていただけなのです。

ところが今回の一件で、両親の大慈大悲の光明が息子のはらわたを射抜きました。すると、息子の中の生来の光明が誘われて、にわかに輝き出したのです。

さて息子は、すぐさま座敷へ駆け込み、両親へこれまでの不孝を詫びようかと思いました。

けれども、すんでのところで思い留まり、忍び足で裏から表へ回ると、わざと大きな物音を立てて帰宅を知らせ、咳ばらいをしながら座敷へ入りました。

親類一同は驚愕《きょうがく》して黙しました。

息子は泣くじゃくる両親を見て、これまた涙に暮れましたが、しばらくすると親類一同に向き直りました。

そして、

「今までの不調法《ぶちょうほう》、今後は改めまする故、勘当の儀はどうかご容赦下されい。長く、とは申しません。三十日じゃ。今日から三十日経ってもわしの性根が改まらぬその時は、勘当されても決して文句を言いませぬ。ただ、今回ばかりは何とか勘当を思い留まって下さるよう、皆様方からじじ様ばば様へおとりなし頂けませぬか」

と言うと、いつになく畳に頭を擦り付けて懇願しました。

暴れ者から手ひどい仕返しを受けるものと戦々恐々《せんせんきょうきょう》としていた親戚一同は、これを聞いて拍子抜け。

しかし、悪い話ではないので、反対する者はおりませんでした。

両親は頷《うなず》いて嬉し泣き。

それを潮《しお》に一同はそそくさと退出して、その夜の勘当の件は沙汰止みになりました。

さて、その日を境に、例の息子は人が変わったように孝行者となり、悪行は跡形もなくなりました。

更にやがてはその孝心ぶりが地頭の耳に入り、息子は大庄屋に任じられたといいます。

三年後、母親は大病の末に亡くなりましたが、臨終の枕元に息子を呼び寄せ、こう言ったそうです。

「もしもそなたの極道《ごくどう》が改まらぬままわしが死ぬるとしたら、わしの行き先は地獄であった。ところがそなたは見事に改心して、こうして孝養を尽くしてくれる。おかげでわしは極楽へ行けそうじゃ。そなたはわしを仏にして下された。有難や有難や」

こうして母親は、息子に合掌しながら他界しました。


心の苦しいのは地獄、心の安寧なのは極楽。

子の所行《しょぎょう》次第で、親の一生は地獄にも極楽にもなります。

己の不孝が思い当たる人は、今日只今から心を立て直し、己に立ち返るべし。

そして、己に立ち返るには、せいぜい学問をなさいませ。

【貳之上】 心の在り方を省みれば

人の心の在り方がいかに大切か、引き続きお話しいたしましょう。

人が恥を知るのは生まれつきと申しますが、恥にも二種類ございます。そのうちの姿の恥ばかりを気にかけ、いまひとつの心の恥を知らぬ者があまりに多いのは、困ったものです。

心ほど大事なものはありません。心は身の主です、にもかかわらず、世の人は家来である身体の見栄えや具合ばかりを気にして、主たる心のことは一切お構いなしとは……。

せっかく人として生を享《う》けながら、人らしい心を持たず、鬼のような心を持ったり、狐のような心を持ったり、蛇のような心を持ったり、烏のような心を持って、聊《いささ》かも恥ずかしいと思わず、身体のことのみ吟味してやまないのは、一体どうしたことでしょうか。

重きを捨てて軽きを取る、大を捨てて小にしがみつく、そうした生き方は誤りと、早く気付くべきです。

思えば、人は心と身体の問題にあっては大を捨て小を取るくせに、他事になると大を好み小を毛嫌いするのですから、していることがあべこべなのです。

試しに、親類縁者の家へ招かれ饗応《きょうおう》にあずかる男のことを想像してみて下さい。宴が進みお待ちかねの焼き物が供される段になると、はや男の目玉はギョロギョロとせわしく動き出します。

向こう三軒両隣を睨《にら》みまわし、「隣の焼き物の方が五、六歩《ぶ》も大きいのはどうしたことか」などと唾を飛ばして、不平を並べ癇癪《かんしゃく》を起こし、亭主《ていしゅ》にねじこみます。

「こりゃ亭主、お前は何を考えておるのだ。太郎兵衛もお客なら、俺も同じお客だ。なのに俺の焼き物だけこんなに小さいのは、俺に意趣遺恨があっての仕打ちか」

よく考えてみて下さい。焼き物に何の意趣遺恨がありましょうか。

こんなに些細なことでさえ、人は小を嫌い大をとりたがる。

にもかかわらず、肝心かなめの大なる心はあっさり捨て、小たる身体の見栄えに拘泥《こうでい》するのは、辻褄《つじつま》が合わないこと甚だしいのです。

古歌にもこうあります。

かたちこそ　深山隠れの　枯木なれ

心は花に　なさばなりなん

心が曲がっていたら、肌の色が白かろうが、鼻筋が通っていようが、髪の生え際が美しかろうが、所詮は見せかけの値打ちです。何の役にも立ちません。上等な蒔絵《まきえ》の重箱に馬の糞を詰めたようなものです。見掛け倒しなのです。

こんな例もあります。

商家の飯炊きのおさんどんが、ある時、台所で鍋を洗っている。そこへ丁稚《でっち》の長吉どんがやって来て、

「おさんどん、お前の鼻先に、墨がついてござるぞ。他の者に見られたらみっともないから、はよう拭いた方がええぞ」

言われたおさんどんは心遣いを嬉しく思いつつ、

「そうかえ、どのあたりに付いておるのじゃろ?」

と言いながら指先に手拭いを巻き付け、鼻先をはじめそこらじゅうを擦り廻した。

「どうじゃ、長吉どん、もうとれたかえ?」

「イヤイヤ、頬べたにも付いてしもうたぞ」

「なんとそれは難儀なことじゃ……」

とおさんどんは水鏡しながら、顔の掃除に余念がない。

やがて拭き終わったおさんどん。

「まあ、アタシの顔のことを気にかけてくれるとは、この長吉どんは何とも可愛げのある子ども衆《し》じゃ。今晩のおかずを配る時、杓文字《しゃもじ》で多めに掬《すく》ってやらねばならぬ」

と思いつつ、礼を言いました。


ところが、もしも長吉どんの台詞《せりふ》が違っていたら、どうなりますか。

「モシモシおさんどん、お前の性根《しょうね》は少々曲がっておるぞ。平生からふくれ面で他人に応対するのは、いい加減、止めたらどうじゃ」

長吉どんがこう言おうものなら、さあ一大事です。

おさんどんは、

「このガキ、いきなり何を言いおるぞ。アタシの心が曲がってようが、捩《ね》じれてようが、三角になっていようが、お前の知ったことか。ええい、くそ生意気な小丁稚め。おのれ覚えておれよ。この先、お前が寝小便を垂れても、布団は金輪際《こんりんざい》、洗ってやらぬから、そう思え」

と鬼のような形相《ぎょうそう》になることでしょう。

こう聞くと、皆さんは、

「おさんどんは馬鹿な奴だ」

とお笑いになるでしょう。


しかし、こうした有様は何もおさんどんだけに限りますまい。

道で同輩に会った侍が、

「これは軍太夫殿、ご壮健そうで何よりじゃが、そこもとの裃《かみしも》の御紋がいさか偏って見えまするぞ」

と言いますと、軍太夫は、

「これは面目ない」

と慌てて衣服を正し、

「言いにくいことをよくぞ申して下された。この歪みを知らぬまま登城しておれば、大恥をかくところであった。かたじけない。さすがはおぬしじゃ。この先、万一何かお困りのことが出来致《しゅったい》しましたら、すぐさまそれがしへご相談下されい。及ばずながら、お力になりますゆえ……」

と嬉しそうに挨拶をしました。

けれども、もしもくだんの侍がこう声を掛けていたら、どうなったでしょうか。

「これ軍太夫殿、そこもとの心根《こころね》はどうも感心致しませぬぞ。常日頃から、もそっと正直な生き方をなされたらどうじゃ」

おそらく軍太夫は激怒して抜刀《ばっとう》し、刃傷《にんじょう》に及んでいたことでしょう。

皆さん、お分かりでしょうか。

こちらの心の世話を焼いてくれる人は、実に貴重です。恩人なのです。なのにそうした恩人に、私たちはすぐに腹を立て、口汚くののしる。そして己の心の歪みは直そうとしないのです。

こんな馬鹿な話はありません。我が身に照らして、よくよく反省して頂きたいものです。

形は人の目にかかるが、心は人の目にかからぬゆえ、歪んでいても曲がっていても構わぬなどと開き直るのは、無分別以外の何物でもないと気付くべきです。

また別に、こんな話もあります。

ある時、商家の旦那殿が、台所で居眠る定吉どんを座敷から呼び起こしました。

「こぉれ、定吉。お客様がお帰りなされた。座敷の膳を下げておくれ」

定吉は眠たい目を擦りながら、気乗りのしない返事。不承不承、座敷へ入って見ると、喰い残しでありますが、美味そうな料理を盛った皿や小鉢がずらりと並んでいました。

定吉は途端に目が冴え、

「ややっ、美味そうなものがたんとあるぞ。とはいえ、よくよく見れば、おいらの好きな卵の巻き焼に限って、ひと切れしか残っておらぬ。まったく、よく喰う客じゃ。いまいましい。おお、こちらは何じゃ。ふむふむ蒲鉾《かまぼこ》か。どおれ」

と、ひと切れ口へ放り込みます。

頬張りながら側を見ると、飯蛸《いいだこ》が七、八つ、鉢の中に鎮座しています。

「しめしめ、こいつも頂こう」

と指でつまんだところで、旦那の足音。

「ええい、まずいところへ……」

と慌てて袂《たもと》へぐっと押し込み、何食わぬ顔でそこらの銚子盃を腰をかがめて片づけたところ、さきほどの飯蛸が袂からころころっと畳の上へ転がり出ました。

旦那は目ざとく見つけて、

「定吉！　これは何じゃ！」

と詰問したところ、
定吉は素知らぬ顔で畳を叩き、

「蜘蛛よ、おととい来い」

と申しました。

いくら、夜蜘蛛を追い出すまじないごとを言っても、さすがに飯蛸が蜘蛛には見えますまい。


事左様に、悪心は隠していても、おのずと外に顕れるものです。

心というのは、隠し難いものなのです。

考えてもみて下さい。

心に悲しみがあるから、涙が浮かぶのです。心に喜びがあるから、頬にえくぼが出来るのです。心に怒りがあるから、こめかみに青筋が立つのです。心の動き、有り様が、つぶさに顔に現れるのです。

目に涙が出るから悲しいのではない。青筋が立つから腹立たしくなるのではない。何事も心が先なのです。その心が形に顕れるのです。

とすれば、心の歪みも早晩、形に顕れます。心の歪みを隠し通せるものではありません。諫言《かんげん》に激怒するのも心の歪み、忠言を聞き流すのも心の歪み故です。そうした心の病を一刻も早く治しませんと、大病に繋《つな》がります。

病が重篤《じゅうとく》不治《ふち》にならぬうちに、どうか己の心を己で糺《ただ》して下さりませ。

さて、ひとたび心の歪みが糺されますと、ふとした時に出る己の身贔屓《みびいき》や身勝手が、胸にぐっとこたえて苦しくなります。

それについては、さる両替商のご主人から聞いた、こんな話がございます。

両替渡世は、店へ持ち込まれる金銀の真贋《しんがん》や良し悪しを正しく見分けることが何より肝要です。

では、どうすれば、そうした見分け方を若い奉公人たちへ確実に仕込めるか。

それにはちょっとしたコツがあるそうです。

まず、見込みのありそうな奉公人を選びます。

そしてその者には、仕込みの最初から、粗悪な銀貨は一切見せず、良質の銀貨のみを見せるようにします。

するとしばらく経つと、その者には自然と見る目が具わるのだそうです。

それが証拠に、主人が、

「そろそろ良かろう」

と時分を見計らい、わざと粗悪な銀貨を見せると、理屈抜きに即座に、これを見破るのだといいます。

長らく最上のものに触れていると、己の中に正しい基準が具わるから、それに劣るもの、正しからぬものにはたちまち違和感をおぼえるようになるというわけです。

ただ、更に面白いことがございます。

鑑識眼を会得した奉公人を試しに外商いの旅に出し、半年ほど金銀を扱わせぬように仕向けますと、旅から立ち返った頃には元の素人同然に戻り、真贋良悪の見分けがつかない役立たずになってしまう由。

つまり、こういうことです。

ひとたび己の本心をしっかり見覚えておけば、その後、ふとした気の緩みで、忘れていたはずの身贔屓や身勝手が仮に頭をもたげても、己ですぐに気付くことが出来ます。無理のない、闊達《かったつ》な本心を見覚えておれば、少しでも心に無理がかかる悪事を、自然に受け付けなくなるのです。

ところが、本心から遠ざかって久しくなると、人は己の本心の正しい有り様を忘れてしまい、以前のような腹黒の輩へと逆戻りしてしまうのです。

ここらで、心の正銀をしっかり見覚え、人欲の悪銀を掴むことのないように、お互い留意致しましょう。

さて、次にこんな例話もご紹介しておきましょう。

ある秋のこと。

相応に暮らす町人五、六人が言い合わせて、鹿の音を聞きに出掛けました。心やすい山寺の和尚にわけを話して客殿を借り受け、弁当竹筒持参で泊りがけの遊山《ゆさん》となりました。

座敷では鹿の音を待ちわびて風流に歌を詠む者あり、詩を作る者あり、さしつさされつ盃を重ねましたが、どうしたものか、今宵に限ってとんと鹿が鳴きません。

とにかく、待てど暮らせど一向に埒《らち》があかないのです。

そのうちに、一同は、だんだん酔いが回って眠くなってきました。

もはや歌も詩もどうでもよくなった頃、中の一人、五十がらみの男が盃を前に、暗い顔でいきなりこう切り出しました。

「さて今宵は、皆様にお誘い頂いたお蔭をもちまして、風雅な良い遊びをさせて頂きました。ただ、私は先ほどから御酒をそこそこ頂戴しておりますが、留守宅の者の心中を思うと、飲めども飲めども酔えないのございます」

皆が驚き、

「一体、どうなされました。お差支えなくば、わけをお聞かせ下され」

と促すと、男が言ったことには、

「ご存じの通り、うちには今年二十二になるせがれが一人おります。こいつが何とも困った奴で、私が店におる間はしぶしぶ店の用を手伝いますが、私が目を離しますと、すぐに店を出て、廓《くるわ》へ入り浸る。親類縁者もあれこれ意見をするのですが、馬の耳に念仏です。近い将来、あのような出来損ないに大事な身代《しんだい》を任さねばならぬのかと思うと、心細いやら悲しやら……。お蔭様で喰うに困るではなく身も壮健なれど、子ゆえの心労で毎日毎晩、血の涙を流しおります。困ったものでございます」

男の嘆息が終わるや否や、傍から四十五、六の男が声を上げました。

「あなたの苦衷《くちゅう》は分からぬでもございませんが、よく考えて御覧《ごろう》じろ。血を分けた我が子が親の稼いだ銭金を使うのに、何の不都合がございましょう。わたくしなぞは、奉公人が取り引きで空けた穴を埋めるため、あっちへ五十両、こっちへ七十両と支払わされ、たまったものではございません。洟垂《はなた》れ小僧の時分から世話をして商いの道を仕込み、どうにかこうにか店の役に立つまでに育ってくれたと安堵した矢先、大損を出してくれようとはあんまりじゃ」

これを聞いた別の一人が言うには、

「いやいや、ご両人はまだマシじゃ。銭金を使うのがご子息や店の者であるからのぉ。わしなぞは、最近、得意先が次々に倒れて、店は火の車じゃ」

すると下座の老人が扇をぱちぱち鳴らしながら、こう言いました。

「確かにそれもお辛かろうが、わしのように、顔を合わすたびに親類縁者から金を無心されるもの、まったくもって、困ったものですぞ」

そう言い終わらぬうちに、また別の者が口を開きました。

「ええい、皆様のおっしゃることは、所詮、銭金で済むお話でございましょう。私の心痛はそんなものではないのです。まあ、私の話をひとつ聞いて下さいませ。

実は嫁と私のお袋が犬猿の仲でして、日がな一日、角を突き合わせてののしりあっているのです。お蔭で家におりますと、息が詰まりそうです。いっそ離縁しようかと存じましたが、二人の幼い子のことを思うと、踏み切れません。そこでとりあえず女房の機嫌をとると、お袋が『嫁の贔屓《ひいき》ばかりしおってからに。恩知らずめ』と怒ります。かといって、女房を叱りますと、『ああそうでございますか。女房といえど、所詮は他人じゃもの。お前様は母御の味方ばかりなさって、わしには辛くあたるのじゃ』と泣きわめきます。これぱっかりは、千両万両積んでも、どうしようもないのでなぁ」

こうして暗い身の上話が打ち続き、座は白けてしまいました。今回の案内役の男は、

「このままではいかん」

とはっと心づき、ことさらに明るい声で、

「さてさて、さすがにもうそろそろ鹿が鳴きそうなものじゃが。それともひょっとして、せっかく鳴いていたにもかかわらずに、皆様のお話に夢中になるあまり、うっかり聞き逃しましたかな?」

と言いながら、縁先の障子をからりと開けてみました。

すると……。

庭先には、大きな鹿が一頭、ぬっと立ちすくんでいました。

男が驚き、

「こりゃどうしたことか。そこに居ながら、お前はどうして今まで鳴かなかったのだ。いったい何をしておるのか」

と訊《き》くと、鹿曰く、

「ハイ、人間様の泣くのを聴きに参りました」


老いも若きも、男も女も、分限者《ぶげんしゃ》も一文無しも、おしなべてその苦しみは、己の心の歪みから生じているのです。少しばかりの身贔屓や身勝手のせいで、ならぬ事を無理にやり通そうとする無分別が起こり、結果として己が苦しむのです。

苦楽は身体にあるように思い込み、本来の心は脇へうっちゃってはいけません。ひたすら形の楽を求めるのは、もうおよしなさい。

【弐之下】真っ直ぐな心を持て

大切なのは、真っ直ぐな心を持つことです。

そして、それを保ち続けることです。

家の大黒柱を思い出してご覧なさい。大黒柱が曲がれば、家はたちまち傾きます。また、大黒柱に虫が湧けば、家は長くはもちますまい。大工の親方に言わせると、大黒柱に虫が巣食うと、その家はもはや建て直すほかないのだそうです。

我々の心も同じ。一旦、悪い虫が湧けば、焼き直すより仕方がない。お手上げになる前に、己の心の歪みを正すことが肝要です。

ただ、最初から悪心を抱こうという者は居りません。

見るもの聞くものに感化を受けて、己でも気付かぬうちに心が歪むのです。

これについては、怖ろしい話がございます。

某国の武家の三男坊。年の頃は二十ばかり。色情に狂って道を誤り、慌ただしく出奔《しゅっぽん》の仕儀と相成りました。夏の夜のことでした。

浴衣姿で腰に大小の刀のみ。袴《はかま》も穿《は》かず、所持金もなく、ほとんど身ひとつという有様。

取り急ぎ朋輩の一人にこの事を明かし、これからどうしたものかと相談を持ちかけました。

とはいえ、類は友を呼ぶと申しましょうか。このような若者の朋輩ゆえに深い思慮のあろうはずもなく、急いで手紙を一通したため、それを男へ手渡して曰く、

「ここから七、八里ほど離れたところに山寺がある。今からそこへ行け。寺の和尚とは懇意だから、向こうへ着いたらこの手紙を見せろ。お前を匿《かくま》ってくれるだろう。国許の様子はおって知らせる。一刻も早く出立《しゅったつ》しろ」

男は書状を携え、浴衣《ゆかた》姿で城下を立ち退きました。

若さは度し難いものです。親の心労にも、道中の難儀にも、着いた先での辛酸にも、考えが及んでいなかったのでした。

古歌に曰く、

悪いとは　知りつつ渡る　ままの川

流れて淵に　身を沈めけり

悪い予感がせぬではないが、結局は情況に流され、つまらぬ時機につまらぬ事をしでかして、己の手で己の身を淵へ沈めてしまうのです。

ですから特に若い御方は、平生の拠り所が大事です。

猫は放っておくと生魚に喰らいつきますが、寺で飼われると、仕方なく生臭物《なまぐさ》は口にしなくなるでしょう。蛇のからだはのらくらと曲がっているものですが、竹の筒へ入れられると、否応なしに真っ直ぐになるでしょう。

つまり、己が身を寄せる場所を、よく吟味《ぎんみ》なさることが大切です。深い考えもなしに、料理屋や女芸者の家などへ身を寄せると、ろくなことにはなりません。

さて、例の男ですが、生まれてこのかた只《ただ》の一日も親元を離れたことのない身であったのに、この時ばかりは、よく知らぬ道を夜通し歩き続け、ようやくのことで朋輩の言った山寺へ辿り着きました。

これだけのことをしてのける気力と根性があれば、平生から主君や両親へ立派な奉公や孝行が出来たであろうに、皮肉なものです。

ともあれ、男は親の前でさえかがめぬ腰を深く折って、和尚へ書状を差し出しました。

和尚が一読して言ったことには、

「文面から察するに、お前様はこの寺にしばらく身を寄せるのが宜しかろう。ただ、ここはご覧の通りの貧乏寺で、小僧も居らぬし下男も居りませぬ。従って、水汲みやら、拭き掃除やら、とにかく何事もお前様の仕事じゃ。それに葬式があったら、墓の穴掘りまでしてもらわねばならぬ。そのお覚悟がおありなら、足をすすいでお上がりなされ。茶粥《ちゃがゆ》でも進ぜよう」

生国におればそれ相応の扶持《ふち》を食《は》む身ですが、いまや出奔して一文無し。ここに世話になる他ないと男は渋々覚悟を決め、悔しさを押し隠して和尚に「よろしゅう」と返事。庭の隅で足を洗い、和尚が喰い残した水臭い茶粥をすすって、夜通し歩いた疲れをどうにかこうにか癒しました。

が、それも束の間。

翌朝からは、慣れぬ掃除やこまごました用事に猿のように追い廻されました。

こうなってから親の慈悲を思い出しても、もはや手遅れです。だから人間というものは足元の明るいうちに用心せねばなりません。

ともあれ、いまさら国へは戻れず、かといって未来永劫《えいごう》、この貧寺の居候《いそうろう》を決め込むわけにもいかず、さりとて、町中へ出ても手に職もなし。

「ああ、つまらぬ、やりきれぬ」

と嘆き過ごしておりました。

そんなある日。

和尚が朝から托鉢《たくはつ》に出て留守の間、男はそこかしこを掃き清めて一段落。着たきり雀の薄汚れた浴衣に身を包み、所在なく客間におりますと、つくづく情けさなとつまらなさが身に染みました。

「これから一体どうしたものか。いっそ腹でも切ろうか、首でもくくろうか」

と懊悩《おうのう》しながら、ふと麓の方を見下ろすと、村の庄屋の屋敷が目に入りました。庄屋は寺から見られているとも知らず、村人から集めた金子《きんす》を数え直して紙に包み、戸棚の引き出しにそっとしまっていました。

するとそれを見つめていた男は、その金がぞっとするほど欲しくなりました。

これだから、金子の扱いには注意せよと申すのです。金子の取り扱いを、みだりに他人に見せるものではありません。金子は人間の役に立つものですが、人を毒し害するものでもあるのです。善男善女でも、ひとたび金子を目にすると、どんな出来心を起こすやも知れません。

ともあれ、金を目にした途端、男は欲しくて欲しくて堪らなくなりました。そして思いを巡らせたことには、

「しょせん田舎のあばら家。忍び込むのはたやすそうだ。おまけに家人は五、六人しかおるまい。盗みに入って万一見咎められたら、これ幸いと日頃の鬱憤《うっぷん》晴らしに殴り蹴倒してくれよう。あの大金を懐《ふところ》に江戸なり京大坂なりへ出れば、この身のふりかたなぞいくらでも見つかるに違いない。よし、あの金子を頂きに上がろう。ええい、この忌々しい古寺とも憎たらしいくそ坊主とも、今日限りでおさらばだ」

かくの如く、人間の心とは怖ろしいものです。心は己の身のためばかりを思うとみせて、時として身を損なうことも思いつくのです。まったく油断がなりません。

古歌に曰く、

こころこそ　心迷わす　こころなれば

こころに心　こころ許すな

さて、それからあれこれ思案をめぐらし、いよいよ今宵決行という日。「今宵金を手にしたら、暗いうちに十里やそこらは走り逃げねばならぬ。そのとき疲れぬ用心に、今のうちに寝ておこう」と、早めに寝床へ入りました。

ところが……。

目を閉じても、胸がもやもやしてどうも寝つかれません。落ち着かないので、何度も寝返りをうつうち、座敷の隅の屏風が目に入りました。屏風には色紙が貼られており、百人一首の権中納言藤原敦忠卿の和歌が書かれていました。

あひみての　のちの心に　くらぶれば
むかしはものを　おもはざりけり

何を思ったか、その歌を二三度吟ずるうち、男ははっと心変わりしたのです。己が今宵企《たくら》んでいた所業を思うと、腋の下から冷や汗がじっとり出たのでした。

「庄屋の屋敷へ忍び込み、金子を奪う。家人に見つかったら斬り殺し、その場はうまく逃げおおせたとしても、天の罰は逃れられまい。

盗んだ金を元手に、かりに京大坂で立身出世が叶《かな》ったとしても、『今日にはばれるか』『明日には追手がかかるか』と心配であろうし、他人がこちらを見たりささやいたりする度ごとに、肝を冷やす羽目になろう。そうなれば、この広い天地の間に、我が五尺の身の置き場所がなくなるわい。つまらぬつまらぬと言いながら暮らすにせよ、盗みの後のつまらぬ日々と盗みをせぬ今のつまらぬ日々をひき比べれば、今の方がずっとマシだ。

ひとたび盗みを働けば、その後は悔悟の念に苛《さいな》まれ、悪事と無縁だった子どもの頃を思い出して『むかしはものをおもはざりけり』と涙をのむに違いない。

この寺でじっと辛抱していれば、そのうちに生国から便りがあるやも知れぬ。道を踏み外すなどもっての外だ」

こうして男が悪道へ足を踏み入れずに後戻り出来たのは、例の和歌のお蔭でした。これぞ歌徳というものでしょう。

これを見ても、やはり学問は大事と分かります。男が三十一字を読めたからこそ、首が胴に繋がったのです。一字が値千金、三十一文字でしめて三万一千両の値打ちです。ですから、小さい頃から若い頃から、学問に精をお出しになることです。身に付いた学はきっとあなたを救ってくれます。

さて、この数年後には、国許《くにもと》から親類が来て、男はようやく山寺の苦患から逃れることができました。ただ、出奔した身ゆえ藩へ戻ることは許されないため、思い切って大小を捨て、町人になって商売を始めました。やがて精勤務の甲斐《かい》あって家業は繁盛し、商売人として相応の成功を収めたのでした。

後年、いい歳になった男は、若者を見ると昔の懺悔《ざんげ》話として、必ずこうした経緯を語り、「若い時には無謀な料簡《りょうけん》が飛び出すものだ。もしも儂《わし》があの時、『あひみての……』の歌に出会わなければ、今頃どうなっていることか、考えただけで身が縮む」と嘆息したそうです。

この男の場合は、よくぞすんでのところで改心なされたことと存じます。百人いたら五十人は、この男のような立ち返りが出来にくいものなのです。我が身の可愛さに、いつしか己の本来の心を歪め、つまらぬ人間になり下がる者が実に多いのです。

目が可愛いからおもしろおかしいものが見たい、耳が可愛いから三味線や笛太鼓の音色が聞きたい、鼻が可愛いから豪勢な伽羅《きゃら》や婀娜《あだ》っぽい鬢《びん》付《づ》け油の香が嗅ぎたい、舌が可愛いから鰻やすっぽんや茶碗蒸しが喰いたい、そしてからだじゅうが可愛いから、地道な商売なんぞしたくない。

そんな料簡で過ごすと、たちまち手元不如意になり、三畳敷の狭い部屋で百文の米を買うにも事欠く羽目に陥ります。

すると次にはきっと、

「こんな苦しい所帯を続けるよりも、たとえ最後には野垂れ死んでもいいから、一度くらいは贅沢三昧がしてみたい。どうせ人間は百年も生きられぬ。明日死ぬのも来年死ぬのも、考えてみれば大差はないぞ。畳の上で死ぬのも、河原で朽ち果てるのも、死ぬのには変わらない。

ならば今宵あたり、思い切って何処かへ押し込み、二、三百両奪い取ってから贅沢三昧できれば素敵さ。その後に捕まって首を切られようと構わぬ」

という悪心が頭をもたげてくることでしょう。

こうした悪心に従ってどこかへ押し込んだはいいが、運悪く取っ捕まって獄舎《ごくしゃ》へ放り込まれた時のことを想像して見て下さい。臭い握り飯をほうばりながら、いくら「あの時に思い留まっておけばよかった」と後悔しても、後の祭りです。

貧乏でも自由だった昔の自分がいかに懐かしく思われることか。正に「あひみての　のちのこころに　くらぶれば　むかしはものを　おもはざりけり」でございます。

今の自分の境涯の有難味を忘れて、他のことばかり願うから、心が歪むのです。ここは一番大きく構えて、苦の中の生を厭《いと》わねば、いつしか心の安楽も見えてきます。

古歌に曰く、

楽がしたくば　心を知りゃれ

楽は心の　生まれつき

本来安楽な心を持っているはずなのに、自分一人で勝手に苦しむ人間の愚かさ。それを示すこんな話もございます。

ある夜更けに、一軒の家が火事になりました。

ところがその隣に住む独身男は、酔っぱらって寝入っているのか、一向に起きてきません。

知らせを聞き、心配で提灯《ちょうちん》片手に駆けつけた朋輩は、

「大事な友を焼き殺してなるものか」

と、果敢にも戸を蹴破って内へ入りました
寝ていた男は、その物音にびっくりして目を覚まし、赤裸で寝所から飛んで出て来ました。

朋輩はその鼻先へ提灯を突きつけ、

「隣が火事だというから、心配で様子を見に来たぞ。大事ないか」

これを聞いた男は、

「よくぞ来てくれた。それでこそ親友だ」

と感激したが、それも束の間。

「悪いが、ちょっと拝借」

と言うが早いか、朋輩の提灯をひったくって、赤裸のまま庭へ出たり裏へ回ったり、かと思うとまた表へ出たりと、うろたえて騒ぎたてること、しきりでした。

朋輩は合点がいかず、

「おいお前、さっきから何をさがしているのだ」

と訊ねると、男が言ったことには、

「部屋の行燈《あんどん》が消えているから、火打箱をさがしているんだ」

結構な明るさの提灯を手に持ちながら火打箱をさがしてるのは、心の光が翳《かげ》っているからです。

本来互いに明るい心を持って生れて来て、安楽はどのようにしても得られようものを、わざわざ苦しみながら一生を暮らす御方は、この男と同じ性根《しょうね》だと言えます。

暗い心ゆえに物事の大小軽重が分からなくなり、心の歪みは放っておいたまま、鼻が不格好だの、目が小さいのと、見てくればかり、気に病む日々を送らねばならなくなるのです。

己の心の持ちようを、よくよく見つめ直してみて下さい。

【参之上】心が主人となり、身を家来としてつかう

植木を野放図に育てる者はおりません。肥《こえ》をやり、覆いを設え、手塩にかけて大事に育てるはずです。

にもかかわらず、世の人が己の身を養うのに無頓着なのはどうしたわけでしょうか。明けても暮れても思いつくことといえば、銭金が欲しい、上等な衣を着たい、美味いものを喰いたい、と得手勝手なことばかり。我が身の損なわれることも、倒れることも構わない。

つまり、添え木をあてがうことばかりに懸命で、幹である我が身を養うことを知らぬ所業といえましょう。

なお、先ほどから「身を養う」と申しておりますが、文字通りの身体のことばかりを指すのではありません。心をないがしろにして、身体ばかりを養おうとするのは、それこそ身勝手であります。私心私欲で身を養おうとしますと、却って身を損ないます。このあたりの加減が難しい。

ともあれ、心を蔑《ないがし》ろにしては何も始まりません。

古歌にもこうあります。

つくづくと　思へば悲し　いつまでか

身につかはるる　心なるらむ

心が主人となり、身を家来としてつかうことが、人間本来の道に適う生き方です。身を主人として心をつかうのは、心を捨てるのと同じことです。

心が身につかわれますと、誰しも身贔屓身勝手になってしまいます。

これについては、こんな話がございます。

毎年、春になりますと、都の貴賤は皆、嵐山へ花見に出掛けます。

嵐山までは京から一里半ばかり。いくら美しく飾り立てた娘御でも、「出もの腫れもの所嫌わず」という喩《たと》えの通り、途中で厠《かわや》へ行きたくなります。

かといって、野中で尻をまくるわけにもいかず、彼女らはやむなく通りすがりのむさく

るしい百姓家へ駆け込み、

「ご無心ながらお手水《ちょうず》をお貸し下され」

と赤い顔で断りを言います。そして裏口へ回ってみたところが、薄汚くて臭い雪隠《せっちん》。これが皆の困るところでありました。

このことに目をつけた小賢《こざか》しいひとりの百姓が、あるとき、「貸し雪隠」なるものを始めました。

その趣向とは言いますと、門口に雪隠を建て、側に手水鉢を据え、「かし雪隠　一度三文《もん》也」と墨書した大看板を掲げたのでした。

花見の期間中はこれが大流行となりまして、お女中たちは喜んで三文を払って、小綺麗な雪隠で用を足します。

また、雪隠の貸元にとっては、この貸料が懐《ふところ》へ入るだけではない。客の去った後には糞尿が残りますから、これを耕作に使えて至極都合が宜しい。くだんの百姓家はたちまち裕福になりました。

するとの、昔から、

良い仲も　近ごろ疎《うと》く　なりにけり

隣に蔵の　建てしよりのち

と申す通り、近隣の者たちはこの百姓の儲《もう》けが羨ましくてねたましくて仕方がありません。

中でも目だって身贔屓身勝手な強欲者はどうにもたまらなくなって、あるとき、女房を呼び寄せて話を持ちかけたことには、

「隣の奴が貸し雪隠でぼろ儲けしてやがるのは、お前も存じておろう。ここらで俺も貸し雪隠を設けて、同じように金を稼ごうと思うが、どうだろう」

ところが女房は、渋い顔をして、こう答えた。

「お前さん、そりゃぁ、よい分別とは言えないよ。たとえ今からウチが貸し雪隠を拵えても、お隣さんはいわば老舗で、すでにお得意さんもたんと抱えておりましょう。こちらはいわば駆け出しの新店。万一流行らなかったらどうします？　今でも苦しい所帯だというのに、それでは貧乏の上塗りですよ」

旦那は気色ばんで言い返します。

「イヤイヤ、お前の言うことも分からぬではないが、実は俺にいい考えがある。俺が新たに作ろうというのは、隣の家のような貧相な貸し雪隠ではない。最近、京の町では茶の

湯が大流行だというから、それにあやかって茶室風の雪隠にしようと思う。柱から壁から踏板から、とにかく上等に誂《あつら》えて売り出したら、向こうの客はなだれをうってウチの雪隠へ押しかけるだろうさ」

「で、その雪隠の貸し料はいくらほど取るんだい？」

「そうさなあ、八文ほどかな」

「そりゃ、駄目だわさ。茶室風と気取ったところで、所詮、雪隠は雪隠。お客はやはり安い方へ行くではないかしらん。頼むから、馬鹿な考えはやめておくれよ」

「ええい、何をぬかす。お前は引っ込んでおれ。わしが万事、うまく運んでみせるわい」

こうして男はどうにかこうにか金子を工面して、やがてふたつとない豪華な雪隠を建てました。看板の墨書はどこかの大寺の坊主に頼んだとみえて、流麗な文字で「かし雪隠一度八文也」。

ところが……。

やはり八文は高過ぎるというので、男の建てた雪隠へは、誰一人寄り付きません。

早速、女房が騒ぎだしました。

「それ見たことか。仰山の借銭ばかりが残って、これから一体どうするのさ」

畳を叩いて泣きわめく女房に向かって、亭主は落ち着き払って、こう声をかけました。

「おいおい、心配するな。明朝、俺が得意先回りをすれば、借り手はわんさか現れる。明日はお前も早起きして、握り飯など拵えてくれ」

女房は合点がいきませんでしたが、とりあえず半信半疑のまま寝て、明くる朝には早起きして握り飯をつくり、出立する亭主へ持たせました。

ほどなく亭主は尻からげをして、握り飯の包みを首筋へくくりつけ、こう言い残して出掛けて行きました。

「こりゃ女房、俺がひと廻りしてきたら、夥《おびただ》しい借人が現れよう。糞桶《おけ》が一杯になったら、近所の者に一荷でも二荷分でも、さっさと汲み取ってもらえ」

亭主を見送りながら、女房は首を傾げました。

「得意先を回ってくると言ってたけど、得意先とはどこのことじゃろか。京の町を、菜や大根でも売り歩くように、『かし雪隠、かし雪隠』と触れて歩くつもりかしらん」

と、そう思案するうち、いきなり通行人がひとり走って来て、銭筒へ八文放り込むと雪隠へ飛び込みました。

この者が出ると、今度はすぐに別の者が駆け込む。

そして……。

まあ、とにかく借り人がひっきりなしに現れるようになったのでした。

びっくりした女房が、

「銭を誤魔化されまい」

と目をぎょろつかせて見張りをするうちにも、借り人はわんさかやってきて、たちまち糞桶が満杯になりました。

そこで、「中に入っております」という木札をかけておいて、一荷分を汲み上げました。

やれやれと木札を外すと、待ちかねたように次の客が雪隠へ駆け込みます。

こんな調子で日暮れまでに、儲けた貸し料は八貫文に及び、汲みだした糞尿は五荷に達しました。

女房は小躍りして喜び、

「有難や有難や、ウチの親父さまは文殊菩薩様の再来かしらん。得意先回りとやらが首尾よく運んだのだろう。早く帰ってきて欲しいものじゃ」

と、鼻歌混じりで酒を買って待ちわびていましたところ、亭主がふらりと戻ってきました。

「どうだ、借り手は現れたか」

「もちろん。あったもなにも、今日一日で貸し料八貫文・糞尿が五荷も！　一体全体、お前さんはどうやって得意先回りをなさったのか。ひょっとして、京の家々一軒一軒、ウチの所書きを持って訪ね歩きなさったのか」

「何を馬鹿な。俺のいう得意先回りというのはなあ、三文出して今朝の早いうちに隣の雪隠へ入り、内から掛けがねをかけて、一日じゅう雪隠を塞《ふさ》いでおったのじゃ。誰かが戸のそばへ来たら、エヘンと咳ばらいをして知らせる。この寸法で、どれだけの者を追い払ったか知れぬ。はてさて、今日は咳ばらいを何十回としたから、喉が嗄《か》れる。それにずっと座ってばかりおったから、持病の腰痛が辛かったのなんの……」

銭金が欲しいのは、己も他人も同じこと。

にもかかわらず、己さえ儲かれば、余の者は倒れようが難渋しようが一向に構わぬ。こうした料簡こそ、心を忘れ我が身のみを養う所業に他なりません。

我が身勝手のため、臭いこともむさくるしいことも打ち忘れ、春の長い日の間じゅう、暗い雪隠の中で蟾蜍《ひき》のように這いつくばり、目ばかりぱちくりさせている。おまけに腹が減ったとなると、女房に作らせた握り飯をわざわざ雪隠の中で貪《むさぼ》り食う。とても他人様に見せられた姿ではないことに、どうして気が付かないのでしょうか。

古歌に曰く、

我が心　鏡に写る　ものならば

さこそ姿の　醜くかるらめ

また、別の話も致しましょう。

昔、東国に相応の暮らしを営む百姓がいました。

夫婦の間に娘が一人、他に下男下女が五、六人という所帯。

さて、この娘が十三の年、母親が風邪をこじらせて急逝しました。

親類連中は後妻を迎えろとせっつきましたが、男は、

「世の中の例をみても、後妻を迎えて継母継子の仲がうまくいったためしはない。このままで暮らして、娘が成人になるのを待とうと思います」

と、当初は突っぱねていました。

ところが、月日が経つにつれ、やはり不都合が出て来ました。なにぶん娘はまだ幼い。家事を取り仕切ってくれる者が無いと。奉公人も育ちにくい……。

そこで男はあれこれと思案の末、とうとう近村から後妻を貰いました。

この後妻というのが出来た人で、先妻の娘をはなはだ可愛がる。それ故、娘も「母様、母様」と慕うようになる。男も親類もその様子を見て大いに安堵し、月日は流れていきました。

しばらくすると、後妻は懐妊して男児を産みました。

男は喜んだ半面、不安な気持ちにもとらわれました。

「後妻が実子ばかりを可愛がって、先妻の娘を忌み嫌い、憎むようになりはしないか……」

ところが、それは杞憂《きゆう》に終わりました。

案ずるより産むが易しと申しましょうか、実子が出来ても、後妻は今まで通り継子娘を可愛がったからです。

男は、

「わしはいい後妻に恵まれたものだ。有難や有難や」

と喜び、親子四人、幸せに暮らしていたのでした。

そのうち、娘は十七歳、かの男児は三歳になりました。

ある夜、寝物語に男が後妻へ言ったことには、

「お前がこの家へ嫁いでくれた時、娘はわずか十三歳だった。それが早いもので十七歳になった。分別もしっかりある。そんなわけだから、そろそろあいつに婿取りをさせてこの家を譲り、わしとお前と息子の三人は新宅でも構えて、心安らかに暮らそうと思っている。お前、どう思う?」

するとと女房が言うには、

「それはいい考えだわ。私もそろそろ隠居して、家の切り盛りや奉公人の世話から離れたいと思っていたところなの。早くお婿さんを迎えましょうよ」

女房が快諾してくれたので、男は安心しました。

それからおよそひと月後、男は所用で他所へ出向き、家を一晩空けました。

宵の口になると、どうしたわけか下男下女はどこへやら、こそこそ出て行きました。後妻は我が子を寝かしつけ、娘は自分の部屋で寝入っていました。

夜更けになると、継母は寝床をそっと抜け出し、そこらにあった襷《たすき》を片手に、娘の部屋へ忍び入りました。

そして、寝ている娘の首へ襷を巻き付け力任せに引いて、絞め殺しにかかったのでした。

娘は驚いて目を覚まし、襷に左右の手をかけて締めさせまいとする。継母は構わず乗っかって、締めようとする。

行燈は消えて、部屋は真っ暗、その闇の中で継母も娘も声を立てず、上になり下になり揉み合い掴み合っていましたが、とうとう継母が娘のたぶさ髪をひっつかみ、家の裏へ引き摺って出ました。

隣家は遠くて誰も見ておらず、しかも辺りは深い夜の闇。

継母は半町ばかり引き摺って行ったかと思うと、側にあった野中の井戸へ娘を放り込もうとしました。

娘は懸命に抵抗しましたが力及ばず、とうとう井戸へ突き落とされてしまいました。

継母は後を振り返りもせずに家へ戻ると、娘の部屋をとり片付け、何事もなかったように息子に添い寝して、朝を迎えたのでした。

古歌に曰く、

奥山の　杉のむら立ち　ともすれば
おのが身よりぞ　火を出しにける

この四年間、あれほど仲睦《なかむつ》まじかった継母と継子。

なのに継母は、なぜ今になって手のひらを返したように凶行に及んだのでしょうか。腹の中に巣喰っていた鬼が、どうしてにわかに表へ出て来たのでしょうか。

無論、継母とて、なにも最初から継子を殺すつもりでこの家へ嫁入りしてきたのではありません。

にもかかわらず、四年間の殊勝な心がけと辛抱は、たった一夜の寝物語、すなわち娘に婿を迎えて家督を譲るという亭主の一言で、微塵に砕けました。そして、鬼の心へ変じてしまったのです。

なぜか。

継母の心中はこうでした。

「亭主が生きている間は、継子とその婿は新宅の自分と息子をそれなりに大事にしてくれるであろう。

けれども、亭主が死んだ後はどうか。娘といっても、所詮は先妻の子で、血は繋がっていない。婿はそれ以上に赤の他人だ。おまけに我が息子はまだまだ幼い。となると、自分たち母子が冷遇されていることは目に見えている。

そうかといって、継子の婿取りに露骨に反対すれば、やはり継子を憎んでいるのだと思われて亭主は気分を害するであろうし、ご近所親類の外聞も悪い。

ああ、何とかして我が息子に家督を継がせたいものだ。

それには継子が邪魔だ。何とか人知れず、継子を亡き者に出来ないか」

例の寝物語から約一か月間、継母は寝ても覚めてもこうしたことを考え、ついに怖ろしい鬼となって、凶行に及んだのでした。

おのが身の可愛さが嵩《こう》じて、とうとう己で業火《ごうか》を出してしまったわけです。


かの亭主の一言で、四年間の辛抱も水の泡。何とも怖いものではありませんか。これも皆、身贔屓身勝手の心得から出たものです。ご用心なされませ。

継母は鬼女になり果てました。たしかにそうですが、鬼女と申しましても、頭に角を生やし、耳まで裂けた口を開けて牙を剥き出し、長い指の爪をひけらかして襲い掛かってくるのではありません。心がそうさせるのです。

皆々様におかれましても、どうぞ心の鬼が躍り出ませぬように……。

【参之下】我が身ばかりを愛していると、いつしか身を滅し家を亡ぼす

古歌に、

年を経て　憂世の橋を　見返れば
さても危うく　渡りつるかな

と申します。

火事、地震、大風、大雪、洪水、飢饉《ききん》などなど、人間には思わぬ時に、思いもよらぬ災厄が降りかかるものでございます。振り返ってみて、幸いにもそうした目に遭わずに済んだ御方は、まさに果報者。憂世の橋をよくぞ落ちずに、辛くも渡ってこられましたね。

さて、例の継子は罪なき身にもかかわらず、鬼と化した継母の手で井戸へ放り込まれたわけですが、生まれ持っての強運ゆえか、神仏のご加護か理由は知らねども、何と命が助かったのでございます。

井戸へ放り込まれた時、もし頭から落ちていたら、さすがに命はなかったことでしょう。

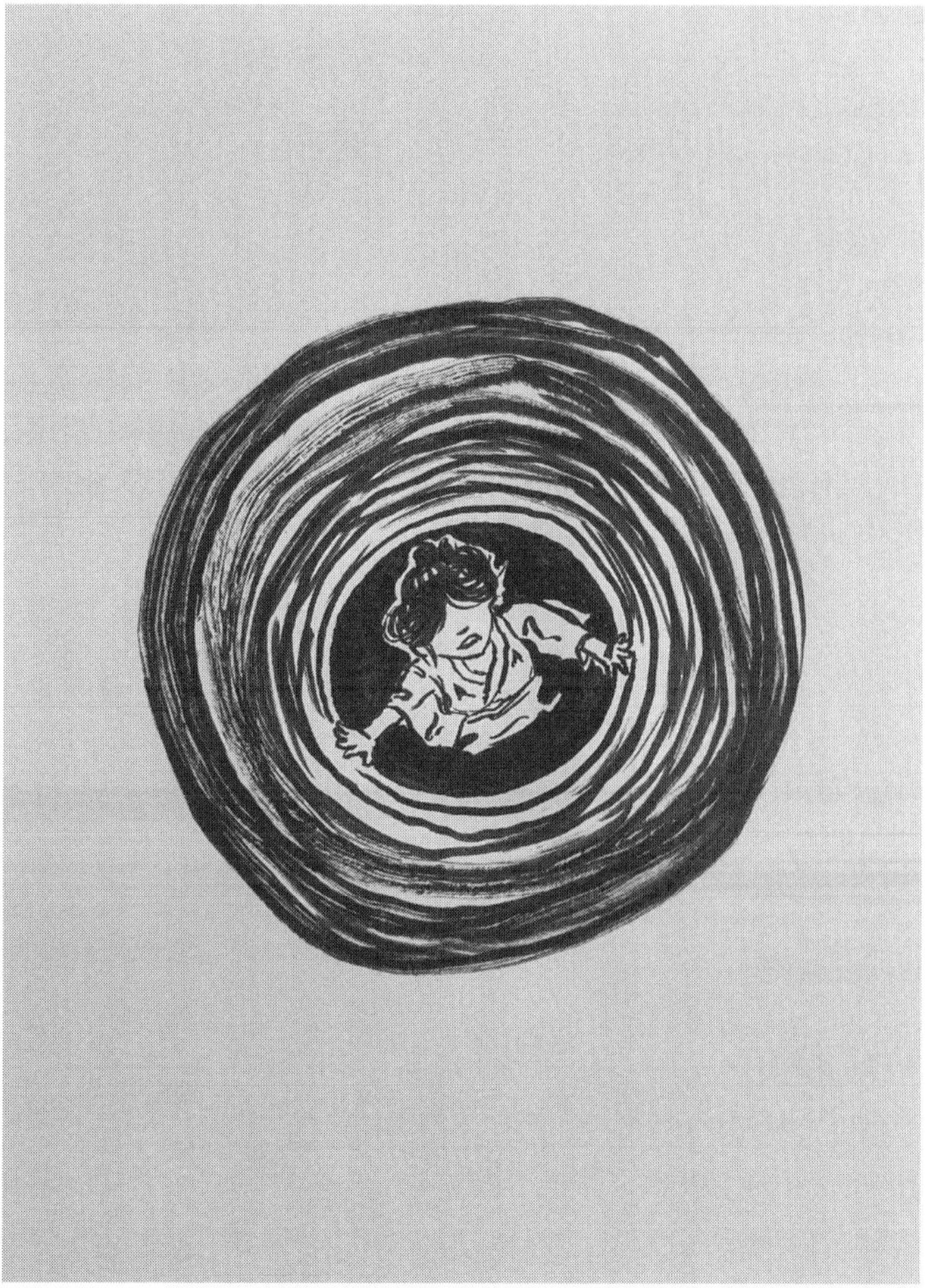

ところが足の方から落ちたものだから、一旦は底の水へ沈んだものの、直ぐに浮き上がりました。

井戸の内壁に手をかけ、水を飲まぬように用心しながら這《は》い上がろうと散々にもがきましたが、うまくいかない。

仕方がないので、声を限りに叫んで助けを求め続けました。

すると、夜明け前、早起きして田を見回りに出ていた近所の者が、この声を聞きつけました。

「おやおや、どこぞからか、人の声がするが……」

と訝《いぶか》しがりながら辺りを捜し、井戸の底の少女に気付いたのでした。

びっくりして他の者を呼び集め、ようようのことで引き揚げてみると、顔見知りの隣家の娘です。

「どうして井戸なんぞへ落ちたのだ?」

と問う間もなく、娘はほどなく息が絶えてしまいました。

使いの者が急いで隣家へ知らせると、応対に出て来たのは、例の継母。

娘が井戸から引き揚げられたと聞かされた時にはどきりとしましたが、息が止まった旨

を知って内心は安堵し、

「昨夜から娘の姿が見えぬゆえ、気を揉《も》んでおりました。あいにく亭主は留守にしておりますし、ひょっとして、隠れた恋人でもあってその元へ参ったのかもなどと、あれこれ思案をめぐらせておりましたが、まさかこんなことに……」

と大仰《おおぎょう》に泣き狂い、見事ひと芝居うったのでした。

そうとも知らぬ近所の者たちはこれを見て気の毒がり、ともかくも娘を座敷へ運び込んで、それ医者だ、それ鍼《はり》だと大騒ぎ。

そのうちに、知らせを受けた親戚連中が集まってきましたし、他出中の亭主へは飛脚が立てられました。

ところが……。

ちょっとした心得のある者が気付け薬を試したり、皆で身体をさすって介抱してやるうち、何と娘は奇蹟的に息を吹き返したのでございます。

取り囲んでいた人たちは大喜び。

一方、台所で茶を沸かすうちに蘇生の報を耳にした継母は、肝を冷やしました。

「あの子が目を覚ましたからには、私の命運もこれまで。さて、このまま逃げ出そうか、罪滅ぼしにあの井戸へ私が飛びこもうか……」

と、心の臓が早鐘のように高鳴ったのでした。

真に、悪行の報いは思いの外、早く廻ってくるものです。

世の中を　めぐり車の　我が上に
積み重ねたる　果ての苦しさ

天網恢恢《てんもうかいかい》、疎《そ》にして漏らさずとは、このことです。

さて、娘を取り囲む人々が口々に、

「どうして、あの井戸へ落ちたのか」

と訊ねたところ、娘が嘆息しつつ答えたことには、

「夕べはいつものように寝間へ入りましたが、やがて、何やら怖い夢を見まして、『あな怖ろしや』とはっと目が醒めると、不思議な井戸の底に落ち込んでいました。そこで慌てて『助けて』と叫びましたが、その後、何がどうなったかは、はっきり思い出せません」

親類連中が、

「ええい、じれったい。その怖い夢とは、一体どんな夢じゃ？」

と重ねて問いましたが、娘は、

「ただただ怖い夢だったのです。よくは憶えておりませぬ」

と言うばかり。継母のことには一切言及しませんでした。

これを聞いた一同は、

「面妖なこともあるものじゃ。きっと狐狸《こり》の類にでも魅入られたのであろうか」

と首を傾げたが、やがて、

「まあ、いずれにせよ、怪我や傷がないのが不幸中の幸いと言わねばならぬ。しっかり養生なされよ」

と言い残して、三々五々去って行きました。

そうこうするうち、亭主が戻ってきました。同じように訳を尋ねましたが、娘の答えは相変わらず要領を得ません。

結局、狐狸の仕業《しわざ》であろうということになって、騒ぎは一応の終息をみたのでした。

それからというもの、継母は生きた心地がしません。寝ても醒めても、

「娘がいつ真実を明らかにするか」

と、そればかりが気になり、うわの空のまま暮らして居りました。

が、娘は何も語らぬままでした。いやはや、見上げた孝心ではございませんか。

古歌に曰く、
深山木の　その梢とは　見えざりし
桜は花に　現れにけり

人間というものは、いざ事にあたると、平素は隠していた本音が外へ現れるものです。この娘も、今回の一件がなければ、ごく普通の在所娘でございましたろう。しかし、こうした難儀に遭った正にその時、生来の孝心が俄然光を放ち始めたのです。娘は継母の悪行については、ただの一言も漏らしませんでした。真実が明るみに出れば、継母は勿論、父親にとっても一大事となります。

娘が口を閉ざしているものだから、父親は狐につままれたよう、親類縁者も訳が分からず困惑するのみ。

しかし……。

しばらくすると、誰言うともなく、村中で風評が流れ始めました。

「当の娘はああ言っておるが、その実、継母が井戸へ投げ込んだに違いない」

噂が噂を呼び、このことがついに役人の耳へ達しました。

そして、継母は召し捕られたのでした。


事左様に、悪事というものは必ずや露見するものでございます。

例えば肝の臓が悪ければ、目が悪くなりましょう。腎の臓に障《さわ》りがあれば、耳が遠くなりましょう。腹の中の病は、顔へはっきり出るものです。それと同じで、悪事を隠しおおせるものではないのです。

これについては、こんな話もございます。

ある商家の丁稚《でっち》が、親類の家へ九年母《くねんぼ》（柑橘類の一種）の袋を届けるように言いつかりました。

田舎育ちで物を知らぬ丁稚は、九年母が何かも分からぬまま、とにかく袋を受け取って店を出ました。

道すがら袋の中を覗けば、蜜柑の実のようなものが入っています。数えると九つありました。じつに美味そうでした。

「ははん、九つあるから九年母というのだな。それにしても美味そうだ。駄賃《だちん》に一つ、頂戴しよう」

というわけで、丁稚は一つを袂へ隠してから親類の家へ。

そして、応対に出たお女中に、

「八年母を持って参りました」

と涼しい顔で言ってのけて、袋を手渡したのでした。

お女中が怪訝な顔で中身を見て、呆れて、

「まあ、何じゃいなと思ったら、これは九年母じゃないかいな」

と言ったところ、丁稚は、

「しまった、猫ばばがばれたか」

と観念し、慌てて袂から例の一つを取り出して、

「お赦《ゆる》し下さい。残りの一年母はここにございます」

さて、継母は役所で吟味にあい、悪行を残らず白状しました。

そこで娘が召し出され、事の経緯を質《ただ》しましたところが、あにはからんや、娘は今までの申し分を繰り返すばかり。

あの夜のことは、怖い夢を見た以外、何も憶えておらぬ、井戸へ落ちたことも村人に助け出されたことも何も知らぬと言い張るのでした。

役人が、

「そのような世迷い言が通ると思うか。継母がそなたを絞め殺そうとして果せず、ついには井戸へひっ立てて行って、投げ込んだのであろう」

と訊ねるのですが、娘は、

「決してそのようなことはございません。母は平素から私のことを可愛がってくれています。おっしゃるような怖ろしいことを致すはずがございません」

と言うばかり。

「継母はすでに何もかも白状しておる。そなたもいい加減、真実を述べるがよかろう」

と、役人がなだめたりすかしたりするのですが、娘の態度は変わりませんでした。

無論、娘が父に難儀が及ばぬようにという孝心から、嘘をついていることは百も承知でした。それ故、これ以上、責め立てるわけにもいきません。

娘が欲得ずくや、理屈でこうした嘘をついていたのなら、役人に脅されるや決心が揺らぎ、最後には白状してしまったでしょう。

しかし、動機が生来の孝心ですから、火で焼かれても石を抱かされても、びくとも致しません。

こうしたわけで、結局のところ、大騒ぎになった割には、軽いお裁きで済みました。すなわち、継母は所払いと決まり、村を追い出されました。娘の方は、

「平素からうかうかと過ごしているから、このような騒ぎに巻き込まれるのだ。以後は生活を慎めよ」

と、叱りおくにとどまったのでした。

誠に見事なお裁きではございませんか。

だって、そうでございましょう。

仮に今回の一件で娘を誉めそやし、

「類まれなる孝行娘じゃ」

と、褒美《ほうび》でもとらそうものなら、その分、継母の罪を重くせねば釣り合わなくなる。そうなれば、娘の孝心を踏みにじって、父親にもなにがしかのお咎《とが》めが及ぶことになりま

しょう。

そこで、やむなく褒美をお叱りに替えたのでした。後に話に聞いたところでは、形式上とはいえ娘を叱らざるを得なかった役人は、娘の健気さに心打たれ、目には涙が浮かんでいたといいます。

結局のところ、継母の身勝手身贔屓が、却って己の身を滅ぼしたのです。我が身の勝手を思い、息子を贔屓した挙句、我が子と引き裂かれ、奪おうとした家にも住むことが出来なくなり、村を追われて流浪《るろう》の身。

こんな女が生まれ故郷に帰ったとて、親たちが、

「娘よ、よくぞ戻って来た」

と喜んでくれるはずもございません。世間の目もあるから、親子の縁は断たれ、親類縁者とも義絶の憂き目をみること必定です。

たったひとつの料簡違いで、広い世界が狭くなり、五尺の身の置き所がなくなってしまうのです。

世の中を　四尺五寸と　なしにけり

一方、かの娘が、

「すべては怖い夢だった」

と言い張ったのは、小難しい思案の上でのことではありません。ただ親への孝心から出た言動です。「我が我が……」という気持ちなぞ、微塵《みじん》もありません。

そして、身勝手身勝手をせぬことが、却って己の身を助け、安んじることになります。すなわち、娘はこの後、婿を貰って無事に家督を継ぐことが出来るでしょう。父からも世間からも、

「無類の孝行者じゃ」

と褒められ、することなすこと、良い方へ転がっていくでしょう。

つまり、無我の境地が我を資するという具合なのです。

どうか、「我が我が」の気持ちをお捨て下さい。我が身ばかりを愛していると、いつしか身を滅し、家を亡ぼすことになります。


（完）

『続　鳩翁道話』

【壱之上】徳について

人間、「仁義礼智信」の徳が大事でございます。親に向かえば孝、主人に向かえば忠、兄弟仲良く、夫婦は睦まじく、朋友には真心をもって交わる。何事かに囚われることなく、物や事にあたって自在なる境地を「明徳《めいとく》」と申します。即ち、本心の尊号です。

人間にとっての仁義とは、天の日月のようなものです。

もしもお天道様がなかったら、この世は闇。

それと同じで、人間が仁義の良心を失ったら、親子夫婦の弁《わきま》えもなく、主従の区別も知れず、家内一統ただ闇雲に暮らす。なんとつまらぬ世でありましょうか。

それ故、己の言動が仁義に反しておらぬか、我欲のために心が曇っておらぬか、平素から自省することが肝要です。

古歌に曰く、

雨ならば　宿も借るべき　夕暮れに
霧にぞいたく　袖濡らしける

雨が降っていると最初から分かっていたら宿を借りて、濡れぬ用心をしたものを、夕霧でさほど目立たぬ故、「なに、これしきのことならば大丈夫だろう」とたかをくってうかうか旅を続けたところ、思わぬことに衣服がぐっしょりと濡れてしまったという、後悔の詠歌です。

私たちは誰しも、何も始めから悪行に手を染めようと思って事にあたるのではないのです。明徳を具えぬ故、身勝手身贔屓《みびいき》にいつしか押し流されて、結果的に世間に顔向けの出来ぬ仕儀となる。怖ろしいのは、身勝手身贔屓でございます。

以前、越前国へ下りました折、こんな話を耳に致しました。

ある村に相応の暮らしをする百姓がおり、十数人の召使を抱えていました。

その中の一人である小僧が極度の冷え性とみえまして、毎夜毎夜、寝小便を垂れ、夜具も畳も濡らしてしまいます。困り果てた主人はいろいろの療治を手配してやりますが、どれもうまくいきません。

そこで、苦肉の策を打ち出しました。

小僧をこの家の馬部屋の二階に寝かせたのです。

馬部屋の二階の床は簀子《すのこ》になっており、一階には馬が二頭おりました。

その簀子へ寝かせれば、小僧が寝小便を垂れても、簀子の隙間から下へ滴り落ち、一階の床に敷いてある藁《わら》に吸い込まれるという寸法です。

それから数週間、小僧は毎夜、簀子の上で寝入る。そして案の定、その都度、寝小便を垂れました。

ところが……。

その簀子はいつ作られたものやら、えらく年季が入っており、汚れて傷んでおるし、虫も喰っていました。そこへもってきて、毎夜毎夜、小僧が寝小便を垂れるものですから、次第次第に濡れ腐ります。

そしてついには、ある夜、簀子がずぼっと抜けてしまったのです。

幸い馬部屋の一階の床には、藁が敷き詰めてありましから、小僧に怪我はありませんでした。

そればかりか小僧は、日中に疲れもあってよほど熟睡していたものとみえまして、一階へ落ち込んだにもかかわらず、まるで藁が上等の布団であるかのように器用にくるまって、相変わらずすやすや眠りこけていたのです。

気の毒なのは、一階の二頭の馬です。

毎夜毎夜、見知らぬ小僧の寝小便を上から降り注がれ、挙句の果てに、その小僧が突如、天井から落ちかかってきたのです。

本来ならば、

「おのれ、憎っくき奴め」

と、噛み殺しても不思議ではないところ。

しかし、この馬たちは人間様とは違って、よほど心根が上等だったらしく、まずは馬部屋の壁を何度か蹴って家人を呼び起こし、ついで小僧の顔のそばへ鼻先を近づけて、フウフウと息をかけ、起こしにかかったのです。

そうされて、小僧はようやくはっと目を覚ました。

燈火もなく、辺りは真っ暗。おまけに馬がペロペロと己の顔を舐《な》め回す。

胆《きも》を潰した小僧は、思わず大声を上げました。

「もォし旦那様、一大事でございます。馬が二階へ上がりました」

はてさて、身贔屓身勝手も、ここまでくると見上げたもの。己が二階から落ちたことは棚に上げて、馬が二階へ上がったなどと、よくぞ言えたものです。

ただ、私たちは、この小僧のことを笑えましょうか。

己の本心の曇りにはちっとも気付かず、何かにつけて他人が悪い、世間が誤りと文句を言い放つ。我が身を顧みず、憤懣《ふんまん》ばかりわめき散らす。

私たちも、かの小僧と同類ではありませんか。

古歌に曰く、

あざみ草　その身の針を　知らずして

花と思ひし　けふの今まで

平素から本心が曇らぬように用心せねばなりません。

そうせねば、私心私欲、身贔屓、身勝手が我が身を焼き、聟《むこ》をいびり、嫁を憎み、夫を恨み、姑《しゅうと》を謗《そし》る間違いを犯します。

これはちょうど、糞を汲む杓《しゃく》の柄が抜けたようなものです。触れば手が汚れる。かといって、触らず置いておけば、見栄えも悪いし、臭くて堪らぬ。何とも仕様の無いないものになってしまいます。

考えてもご覧なさい。

長いものは誰が見ても長い。短いものは短い。お互いに長短を見間違えることはないでしょう。

それ故、仮に誰かが己の不心得を諌《いさ》めてくれたとしたら、それはその人の言う通りなのです。我が身の不徳を反省することが大切です。

さて、こんな話もございます。

京の町に住むある談義僧《だんぎそう》が、山間の家から招待を受けました。あいにくの雨天でしたので、駕籠《かご》が迎えに来ました。

和尚は乗り込み、駕籠は出立《しゅったつ》。

ところが道を三、四里ほど進んだところで、どうしたわけか、突然、駕籠の底が抜けてしまいました。和尚は袈裟《けさ》も衣も泥まみれ。迎えの人足は気の毒がり、そこらを駆け回って縄切れをかき集め、駕籠の底に縦横に張り渡して和尚を座らせました。

こうして雨中をしばらく行きますと、またぞろ底がメリメリといいいます。

和尚は気が気でないから、

「申し訳ないが、合羽《かっぱ》で駕籠を包んで縄絡みにして下さらぬか」

と頼み込みました。

そこで人足はまた縄切れを集めてきて、駕籠全体を縄でがんじがらめにし、再び出発しました。

さて、途中でとある村にさしかかりますと、ちょうど寺で法談が済んだところとみえて、善男善女が三々五々、歩いて帰っていました。

その中の一人の親仁が駕籠に目を留めると、横にいる婆様へ言ったことには、

「ほれ見なされ、あの駕籠を。大方、京へ奉公に出た者が亡くなって、遺骸を在所へ運ぶのじゃろ。命はまことにはかないものじゃ」

これを駕籠の中の和尚が聞きつけ、

「愚僧《ぐそう》を死人と間違えるとは、いまいましい」

と腹を立て、聞こえよがしに大仰《おおぎょう》に咳ばらいをしました。

すると、聞いた親仁は驚き、

「やや、中は死人かと思うたら、科人《とがにん》のようじゃ。くわばらくわばら、ゆめゆめ側へは寄るまいぞ」

和尚はますます腹を立て、狭い駕籠の中で身をよじらせると、

「誰が科人であるものか。馬鹿も休み休みに言うがよいぞ」

と、声を限りに叫びました。

すると例の親仁はまたまたびっくりして、

「おやおや、科人かと思うたが違った。狂人でござった」

外から縄絡みに縦横に括っていれば、誰がどう見ても死人の駕籠です。けれど中から声がすれば、なんだ、乗っているのは科人かと思うでしょうし、叫び声がしたら狂人かと思うでしょう。周囲の者は、何も悪意で言うのではない、こじつけでもない。そう思わせるに十分な姿形、様子があるから、世間様はそう評するのです。非は向こうではなく、こちらにある。まずは我が身を顧みることが肝要なのです。

世の中は　何も言はずに　伊予すだれ
そのよしあしは　人に見え透く

ところで、物事は最初から相応の覚悟を以て臨めば、ならぬと思った辛抱も、案外と出来るものです。

例えば灸《きゅう》にしてからが、そうでしょう。

普通、生身に火を乗せ置くことは出来ない相談と思われますが、灸と分かっておればこそ、小児でも少々の熱さなら我慢しおおせるのです。

要は事がなるかならぬかは、はじめの覚悟如何に懸かっております。

古歌に曰く、

雨に伏し　風になびける　なよ竹は

世々に久しき　ためしならずや

これは堪忍《かんにん》の尊さを詠んだ一首です。

大樹でも何でもないなよ竹が、雨に打たれ風に吹かれてもしなって倒れぬのは、まこと造化の妙です。

そういえば先年の洛中大地震の折、竹藪《たけやぶ》へ逃げ込んだ人々は事なきをえました。竹の根が張り渡っているので、地割れが起きなかったからです。

事左様に、人間も本心がしっかりしておれば、滅多なことでは倒れません。本心を曇らせず、地に足をつけて憂世《うきよ》の雨風を耐え忍び、辛抱することが肝心です。

そういえば、こんな話がございます。

さる両家の娘御のところに、二軒の家から縁談が舞い込みました。母親は娘を呼び寄せて言いました。

「お前も知っての通り、二軒の家から是非お前を嫁に欲しいと申し入れがあったのだよ。一軒は金持ちなんだけど、息子の風采《ふうさい》が上がらない。というか、はっきり言えば不器量なのさ。まあ、気性はいいんだけどね。

そしてもう一軒の息子は、器量よしで上品で人柄も申し分なさそうなんだが、惜しいことに身代は薄いときている。

さあ、親としては、可愛い娘の婿としてどちらが相応しいか、正直決めかねているんだよ。

まあ、なんにしたって祝言をするのはお前だから、お前が決めたら宜しかろう。どちらにするかね。こりゃ、返事をしておくれ……。

おやおや、恥ずかしいんだねえ。

よし、ならばいい思案があるよ。

金持ちの方へ嫁入りしたくば、着物の右の肩を脱ぎや。もう片方の家が良くば、左の肩を脱いで見せておくれ。

アタシはちょっとの間、あっちを向いているから」

こうして母親が横を向いているうちに、くだんの娘は肩脱ぎを済ませました。

「そろそろ、いいかね。お前の方を向くよ。どおれ」

と言って母親が見れば、娘は両肩をずっぽり脱いでおりました。

はてさてこの娘御は、昼は金持ちの方へ行き、夜は器量よしの方へ行くつもりでありましょうか。実に油断のならぬ女子でございます。

おそらく、このような覚悟では、どちらの家へ嫁入りしても、長くはもちますまい。

古歌に曰く、

春の夜の　闇はあやなし　梅の花
色こそ見えね　香やは隠るる

心の曇りは隠しても隠しても、やがてはどうしたって表へ現れてくるものです。


また別の話もあります。

ある町に呉服商を営む老夫婦がおりました。

跡継ぎがおらぬので、親類縁者にも勧められて養子を貰いましたが、どうしたわけか二か月と辛抱が叶わず、実家へ帰ってしまいます。

「せっかく貰ってやったのに、馬鹿にしおって……」

と次なる養子を迎えますが、やはり数十日で音《ね》を上げて出て行きます。ならば次、その次……と、都合《つごう》二十人近くの養子をとったのに、誰一人、家にいつかない有様となりました。

「あの二人は、生涯、銭金の番だけおるばかりで、末期《まつご》の水を汲んでくれる者には恵まれぬ。あれでは、菰《こも》ならぬ布団かぶりの乞食も同然じゃ」

と、町内の者たちは陰口を叩いておりました。

すると、ある家の息子どんがこれを聞きつけ、果敢にも例の商家へ養子を申し出ました。

「気ばかり遣って苦労続き。ゆめゆめ養子などするものではないと周囲の者は言うけれど、思えば一家を継ぐということは、尊いことだ。絶えそうな家を継ぎ、廃れそうな家業を再び興すのは、聖人の教えにも適うし、天地の理にも沿うだろう。ええい、男一匹、何が辛抱がならぬものか」

と覚悟を決めて、かの家へ養子を申し出たのでした。

さて、その申し出が認められ、ようやく正式に養子となりましたが、五日、七日と経つうちに、

「なるほど、これはきつい家じゃ」

と身に沁みてきました。一緒に暮らしてみますと、老夫婦の気性は思いの外、難しかったのです。

日夜、あれこれ口うるさく説教され、養子の肩身の狭さがつくづく辛い。

それでも今までの養子とは違って、

「なにくそ」

と我慢を重ね、なんとか三か月ほどはしのぎましたが、もういけません。

「もう駄目だ、限界だ。こんな家には、もう片時もおられぬ。今日は仲介人《なこうど》のところへ駆け込もうか、明日には親元へ帰って相談しようか」

と思案の最中、折しも両親が、新調した座敷の障子を立て合わせるというので、大工を呼び寄せていました。

息子は、その大工の仕事ぶりをぼんやり見やっていました。

大工はそんなことはお構いなしに、新しい障子の上を少し削っては、鴨居《かもい》にはめて確め、下を少々削っては、敷居にはめて具合を見てみる。こうして繊細な細工を何度も繰返します。

そして、障子はついに上下が加減よくはまり、何のひっかかりもなく、静かに滑らかに開け閉め出来るように仕上がったのでした。

これを眺めていた息子は、はっと煙管《きせる》を取り落としました。悟るところがあったのです。

障子がうまくはまらぬからといって、家の鴨居敷居を削る大工はおりません。障子の方の上を削り下を削り、あれこれ苦労して加減し細工を施して、無事にはまるように致すのです。

他人の家へ養子として入るのも同じこと。己は障子であり、家付きの両親は鴨居敷居です。障子たる己が、「俺が俺が」の無分別を抑えて相手に合わせねば、何事もうまくいくはずがない。

この日を境に養子の言動は改まり、気難しかった両親とも次第次第に打ち解けて和気《わき》靄《あい》靄《あい》と暮らしました。

そして、やがては末期の水も汲んでやり、家業を立派に継いだのでした。

こうしたことは、なにも養子に限ったことではございません。嫁御でも聟でも、奉公人衆でも同じです。このたとえ話の意味するところを呑み込んで頂きたいのでございます。親に向かい、主人に向かい、夫に向かい、朋輩に向かい、このあたりの覚悟を胸にまろやかに応対すれば、今までの「辛い、苦しい、腹立たしい、憎い」は溶け去っていくことでしょう。

それが、明徳が発現した境地なのです。

【壱之下】本心を磨くべし

およそ草木に花が咲き実るのは、人の栄えと同じこと。人にいつまでも花が咲かぬとしたら、その者の身贔屓身勝手がやまぬからでしょう。

昔、伊勢亀山藩鈴鹿郡川崎村に、江戸屋なにがしという百姓家がありました。使用人を大勢使う相応の身代《しんだい》でありまして、女房は息子を一人産みました。名を横彌と申しました。ところがしばらくすると、どうした訳か身代が傾き、あれよあれよという間に没落。女房は病死、家屋敷は人手に渡り、主人とその母はとうとう他国へ姿を隠しました。後に残されましたのは、横彌と乳母のおとせの二人きり。

乳母は若主人である横彌が哀れでならず、実家へは戻らず、村に残ってかいがいしく横彌の養育に努めました。いつの日か、江戸屋をいま一度、盛り立てる。それがおとせの悲願、尊き志であったのです。

おとせはとにかく身を粉にして働きました。幸いかかつて江戸屋が頼母子《たのもし》に積み立てていた金子《きんす》がいくばくかあったので、それを村方へ払って江戸屋の跡地の片隅に小さな小屋を立ててもらい、そこで横彌と暮らしたのです。

じつはおとせには、実家に文五郎という一人息子がいたのですが、若様大事ということで、老親に養育を任せ、己は横彌の世話に専心していたのでした。

さて、やがて実子が十歳になりますと、おとせは文五郎を川崎村へ呼び寄せました。

そして、横彌ともども一年ほど手習いをさせたかと思うと、文五郎を江戸へ奉公に出しました。文五郎を横彌と一緒に育てていますと、おのずから実子を可愛がり横彌を疎《おろそ》かにする悪心が起こるやも知れぬと案じ、心を鬼にして我が子を遠方へ送り出したのです。

あっぱれな心根ではありませんか。

そうこうするうち、横彌は十八歳になりました。おとせの誠が天に通じたものか、横彌は商売で成功して江戸屋の跡地を買戻し、新しい屋敷を建てて、離散した家族を呼び戻したのでした。

なお、このおとせの忠孝は殿様のお耳にも達し、褒美の米俵が下しおかれたそうです。

これらはひとえに、おとせの立願、志の賜物でした。

ちなみに、この横彌ですが、おとせの養育が優れていたからでございましょう、非常に出来た人物だったといいます。

例えば、こんな話があります。

ある時、横彌が博労《ばくろう》から馬を一頭買い入れました。

この馬が思いの外の良馬で、日々、期待以上の働きをしてくれました。

そこで横彌はかの博労の許《もと》を訪れ、

「いつぞやは良い馬を世話して頂き、有難うございました。お蔭さまで重宝しております」

と篤く礼を申し述べ、銀二匁《もんめ》を手渡しました。

博労は、

「この稼業について数十年、数え切れぬほど沢山の馬をあちこちへ世話してきたが、こんなことは初めてじゃ」

と感激すること頻《しき》りでした。

また、横彌はこの馬を曳き、若松浦へ定期的に米を運んでいたのですが、乳母は必要な飼葉の他に毎度、握り飯を三つ横彌に託しました。そして、毎度同じ科白《せりふ》を口にするのでした。

「よいか、この握り飯は、そなたではなく馬のためのものじゃ。まず、行きの道の途中で馬の沓《くつ》を換える時に一つ、若松浦に着いて荷を下ろした時に一つ、帰り道の途中で最後の一つを喰わせてやるのじゃぞ」

乳母も横彌も、元々、哀憐の気持ちが強い人間だったのでしょう。例の小屋住まいの折にも、

「あいにくいまは他人様《よそ》へ施す余裕はなけれども、せめて……」

と言って、自分たちの少ない食い扶持《ぶち》の中から、庭へ飛び来る小鳥たちへ少ないなりにも施しをしてやるほどだったのです。

どうか皆様におかれましても、こうした奇特な人々の志を見習い、めいめいが己の腹の内を顧みて、本心を磨いて頂きたいのでございます。

みな人の　元の心は　真澄鏡《ますみかがみ》
磨かばなどか　曇りはつべき

【貳之上】心の洗濯をこころがけよ

人間生来の本心は、しばしば利欲により曇ります。これに気付いて洗い磨けば、元の通り綺麗になります。しかしこれを捨ておけば、早晩またしても垢《あか》まみれになります。

従って、私たちは、日々、己を顧みて、今日は身を慎み明日も慎み、常に本心を洗い磨かねばなりません。

そうすることでおのずと徳が現れ、大きく言えば天下を治め、小さく言えば己の家内をも治めることが出来ます。

にもかかわらず、世間を見回しますと、己の本心の曇りに気付かず、周囲の者たちの言動のあら探しばかりする人間が多過ぎます。

試しに、座敷の掃除のことを思い出してみて下さい。

塵払いで障子の桟《さん》をはたけば、埃《ほこり》はなくなって、少なくともその日一日は綺麗になります。

けれど、翌日見ると、またうっすらと埃が積もっています。そのまま放置しておいてご覧なさい。十日もすれば、積もった埃は綿帽子のようになっていることでしょう。

人の心もまた同じ。

たとえ殊勝に一日ばかり身を慎んでも、その後、また野放図に暮らせば、たちまち本心は曇り、汚れます。

また、掃除の仕方も大事です。

ずぼらなやり方ですと、積もっていた埃が舞い散って、却って座敷全体が汚れてしまいます。心を込めて丁寧に行わねば逆効果です。本心を磨き上げるのも丁寧に！

ちなみに、心の掃除を脇へおいて、目先の障子ばかり払っていても、それはそれで大きな間違いを仕出かしかねません。

こんな話がございます。

播州に住むある茶人が、丹精込めて茶室を設えました。

茶人は下男下女に掃除をさせますと、さっそく検分致します。

下男下女は主人の性格が細かいのを知っているので、それこそ舐めるように綺麗にしたのですが、主人はその上を行っておりました。

袂《たもと》から天眼鏡を取り出すと、障子の桟の隅々まで覗いて回り、

「思った通り、散々の出来。これで掃除を致しましたなどと、ようも言えたものじゃ。ええい、わしの部屋に専用の道具が置いてあるから、直ぐに取ってこい。やはりわしが自分でやらねば、埒があかんわい」

と叱り飛ばしたのです。

下男はすっ飛んで行って、小箱を抱えて戻ってきました。

中には、竹串が一本、絹雑巾一枚、小さな火吹き竹一本が入っていました。

どうするのかと思えば、主人は竹串の先に絹雑巾を巻きつけ、障子の桟を一本ずつ、これ以上はないというくらいに入念に拭きました。

そして、拭き掃除が済んだかと思うと、今度は火吹き竹を取り出すと、桟の隅々をふっ、ふっ、と吹いて回ります。

折しも窓からは陽光が射しこんでおりました。

主人はその様子をしばし見ていましたが、何を思ったか、またしても下男を呼んで言いつけました。

「直ぐに横町の桶屋へ行き、大盥《おおたらい》一つを買ってこい」

下男が急ぎ買い求めて運んできますと、

「こりゃこりゃ、ここに置くな。井戸端へ持って行って、まずは切藁で内も外も綺麗に磨き上げよ。その後に清らかな水を汲み入れて、軒先へ運び置け」

下男が言いつけ通りにしますと、主人は今度は下女に命じて、居間から新しい朝鮮団扇《うちわ》を持ってこさせました。

一同が、

「いったい何が始まるのか」

と固唾《かたず》をのんで見ておりますと、主人はおもむろにもろ肌を脱ぎ、難しい表情でかの朝鮮団扇を提げて、ざんぶと大盥の水へ突っ込みました。

そして、引き揚げて滴るしずくを振りきったかと思うと、陽光の射しこむ辺りへ寄り、団扇を上げたり下げたり、何かを招くように振り動かしたのでした。

一同が、

「旦那様、いったい何をなさっておられますのじゃ」

と恐る恐る訊ねますと、主人曰く、

「射しこむ日の光のお蔭で、舞い浮かぶ小さな埃がよう見える。それをこうして取っておるのじゃ」

己の狭い料簡、曇った心の掃除はせず、目先の障子の掃除に汲々とする。これで家内がきちんと治まるはずがございますまい。何一つ己の思い通りに運ばぬと、日々、いらいらしながら暮らさねばならないでしょう。

きっとこの茶人は、平素から周囲の者たちに小言八百を浴びせているに違いありません。曰く、

「ええい、うちの女房は気が長うて、ぼんやりしておって、どうもならぬ。奉公人どもは揃いも揃って気の回らぬ、無能な奴ばかりじゃ、この家でまともなのはわしだけじゃ云々」

しかし、考えてもご覧なさい。

気が短くて、いつもいらついている亭主に、同じように気の短い女房がいて、息子や娘も親の気性を受け継いで短気者であったなら、その家はうまく行きましょうや。

家族に喧嘩が絶えない。奉公人は奉公人で、常に主人家族から叱られ急《せ》かされるものだから、ついつい仕事が荒くなり、門扉や襖障子の開け閉めはがたぴし、炊いた飯は焦《こ》げ

る、土瓶《どびん》や皿は打ち割る。目も当てられぬ日々です。

では、逆に家人や奉公人が揃って気が長ければ、問題ないのでしょうか。

昼前になって丁稚の一人がようやく起き出し、大あくびしながら戸を開けると、お内儀が布団からすっぽんのように首だけ出して、

「もうそろそろ、旦那様を起こしや」

と言う。言われた丁稚が寝床の旦那を揺り動かしますと、旦那が布団の中で、

「いま、何どきじゃ」

「もう昼前にございます」

「ええい、愚か者め。昼にもならぬうちに起きて、いったい何をどうするのじゃ。わしはもそっと寝ておるぞ」

こんな馬鹿悠長な家も、これはこれで早晩、身代が傾くことでありましょう。

そもそも人の気質というものは、実に様々なのです。色々な気質の人間が集まっているから、家がちょうど治まるのです。太い柱ばかりでも長い横木ばかりでは、大工は家を建てられぬ。それと同じことです。短気な者、悠長な者、偏屈な者、理屈っぽい者……家に

は様々な者たちが入用なのです。

ただ、誤解しないで頂きたいのです。

色々な者がいたとしても、根底には同じ括りがなければ成り立ちません。

三味線の連れ弾きのことを思い出してみて下さい。

数人の娘さんが連れ弾きするのに、同じ調子で同じ唄を同じ手で弾いていたら、やかましいばかりで何の興趣もありません。半分は甲《かん》で弾き、もう半分が乙《おつ》で弾くから音が違って、聴いていて面白いのです。

そこに、箏《そう》が入り、笛や摺《す》り鉦《がね》が入り……と更に色々な音が加わることで、囃子《はやし》はますます面白くなります。

ただ、そうはいっても、二上がりとか三下がりとか、根本となる調子は定まっていないと、単なる騒音、馬鹿騒ぎになってしまいます。

家人・奉公人一人ひとりが皆、違う気質を持ちながら、それでいて、根本のところで、親大事、夫大事、女房大事、主人大事、朋輩大事という同じ調子を持たねば、家は立ちゆきません。

調子っ外れになるのは、己の本心が曇っているからです。本心が曇っているから身が修まらない。身が修まらないから、家が治まらないのです。

とかく心の洗濯が肝要です。

衣類だって、長らく洗濯しないでおくと、布に虫がわくでしょう。心だって同じこと。心の洗濯を怠っていますと、家のうちに色々な虫がわいて、亭主も女房も子どもも奉公人も、糸の切れた凧《たこ》同然。こうなると大変です。

我だけが賢く、世間の皆は残らず阿呆に見えます。己の気に入った者は善人で、好かぬ者は悪人に思えてきます。我を褒めてくれる人とばかり付き合い、諫言《かんげん》してくる者は遠ざける。他人の妬み、その出世を憎み、周囲の者を困らせる……、これらは全て、心の洗濯を怠ったが故にわいてくる虫です。

ところで、こうした身勝手身贔屓のけしからぬ奴になり果てるのは、つまるところ、幼少期の躾《しつけ》がなっていなかったからではないでしょうか。

親が気ままにさせた癖をそのまま引き摺って大人になったものですから、己が一番偉い、余の者は揃って馬鹿者じゃと見下すようになります。

人の子は、教えずとも人の子になると思うのは、大いなる心得違いです。米麦だって、ただ蒔くだけでは万作にはなりません。肥やしをやり、雑草を取り、様々に手を入れて初めて、豊かな実りが得られます。

親が子の「捨て育ち」を決め込んでおいて、そうして成人した子に「出来の悪い子じゃ」と小言を言うのは、酷というものでしょう。

では、不幸にも、悪い心癖のまま大人になってしまった者はどうしたらよいのでしょうか。

その手当てが、ここまで諄々《じゅんじゅん》と説いて参りました心学でございます。生来の「無理のない心」へ、曇りなき本心を手本にして物事にあたりますと、ちゃんとした大人へ更生できるのです。

ただその際、気を付けねばならぬことがあります。

人間、何物かに執着がありますと、こうした尊い志を全うしづらくなるのです。

こんな話をご存じですか。

ある町内で婚礼の宴が催されました。

招待客のうち、上戸の者たちはタダ酒に酔い痴れてご機嫌でしたが、ひとりのご隠居はまったくの下戸で、正直、心楽しくはございません。

気の毒がった同家の主人が親切にも、南京の大壺を奥から持って来て、ご隠居に勧めました。

「金平糖《こんぺいとう》が入っております。お口がお淋しいでしょうから、どうかこれでも召しあがって下され」

ご隠居は喜び、

「されば……」

と壺の口から手を突っ込みました。

ところが……。

壺の口から差し入れる際、穴がややきつい気がしたのを無理に押し通したからでしょうか。手を入れたのはいいが、今度は抜けなくなってしまいました。

まごまごしていますと、側の人が怪訝な顔で、

「どうされました?」

と訊くので、

「いや、実は手が抜けなくなりまして……」

と、最初の頃は苦笑いして答えていましたが、その後、どうやってもこうやっても、やはり抜けません。

さあ、一同も笑い事では済まなくなり、さあ、医者を呼んでこい、イヤイヤ呼ぶなら骨《ほね》接《つ》ぎじゃ、と大騒ぎ。酒宴の興も消し飛んでしまいました。

そのうち、知恵の回る者が進み出ました。

「ご主人、この壺は見るからに高価そうですが、ご隠居様のご無事には代えられませぬ」

と言って煙管《きせる》を持ち出しましたので、主人は察して頷きました。

そこで男が煙管を壺に打ち付けました。

勿論、壺は微塵に砕け、辺り一面には金平糖が弾け飛びました。

「やれやれ、ご隠居様、ようようお助かりなされたな」

と一同がご隠居の手を見ますと、抜けぬも道理、金平糖をしこたま掴んだままであったといいます。

掴んだものを離しさえすれば、手など何なく自在に抜けましたものを、あたら欲を出し、一度掴んだら死んでも離すまじと執着したが故に、この始末。

さあ、このご隠居の場合は金平糖でしたが、皆様方とて、日頃、色々なものを後生大事に掴んでおられるのではありませんか。

器量のよいのを掴み、賢いを掴み、負け惜しみを掴み、家柄を掴み、身代のよいのを掴んで離すまいと、担ぎ歩いて居られるのではありませんか。

それだからこそ、尊い教えが耳へ入らず、心安らかに暮らすこともならず、身を慎むことも出来ず、仕方がないから顔をしかめ、酒でも喰らって憂さを晴らそうとする。気の毒なことです。

とにかく、壺を割ってしまってからでは、後の祭りなのです。身代を割る仕儀にならぬように、ご用心なさいませ。


ただ、ここまで意を尽くして申し上げてもなお、

「俺の心は曇ってなぞおらぬ。心の洗濯には及ばない」と言い張る御方もござりましょう。そんな御仁には、こんな話をご紹介致しましょう。

昔、一人の座頭《ざとう》が、夜もまだ明けきらぬうちに宿を出立しようと致しました。

すると、宿の主人が、

「もおし、この暗い中をお行きなさるのなら、提灯《ちょうちん》をお貸しします。これを持ってお行

きなされ」

と声を掛けました。

「ご主人、目の明かぬ手前のような者が提灯を提げて、何と致しましょうか」

座頭が、
と笑いますと、主人曰く、

「いやいや、お持ちになるのが御身《おんみ》のため、そして余の者のためじゃ。これを灯して歩けば、道の向こうから来た者に突き当られずに済みまする」

座頭は、

「なるほど、それではお言葉に甘えて……」

と提灯を提げて、歩き始めました。

しばらく進みますと、誰かがどんと突き当ってきました。

座頭は怒り、

「お前様は目が見えぬのか」

向こうも癇癪《かんしゃく》を起こし、

「他人に突き当っておいて謝りもせず、『目が見えぬのか』とはどんな言い草だ」

すると座頭は提灯を高く掲げ、

「お目が不自由でないのなら、この灯りが見えるであろうが」

ところがあいにく、提灯の火は、宿を出た門口のところで、とっくに消えていたのでありました。

確かに座頭は気の毒でございますが、申し上げたいのはそのことではありません。

点いてもいない提灯を、点いている万人に見えているはずと思い込む身勝手身贔屓、そして、それを棚に上げて悪いのは周囲の人間だと決めつける性根。

俺の本心は曇ってはおらぬ、俺には心の洗濯など要らぬと胸を張る御仁は、この座頭と同じ過ちをおかしておられるのですよ。

心の火がいつしか消えたままになっていないか、どうかお互いに吟味しあおうではございませんか。

【貳之下】心の関守《せきもり》

何事も　矩《のり》を越え行く　世の人の
心にかたき　関守《せきもり》もがな

街道の関所には必ず関守がいて、始終、目を光らせております。お蔭で、怪しい者は差し止められ、通行出来ません。

これと同じように、我々の心にも関守がいて、畏《おそ》れ慎む心を守り、私欲の横行を防いでくれたら良いのですが、なかなかそうは参りません。ついつい出てしまう身勝手身贔屓のせいで、人の道をうかうかと踏み外してしまうのです。

寝ても醒めても、立っておろうと座っておろうと、畏れ慎む心が番をしておれば、お女郎衆も、三味線・太鼓も、鍋焼き・すっぽん汁も、滅多に通すものではございません。

ただ、そう分かっていて用心していましても、人間は何かの拍子に、ふとすっぽ抜けたように、悪事が心の関所を素通りするのを許してしまうものなのです。

それについては、こんな話がございます。

昔、江戸の裏長屋に住む一人の男が、妻子を抱えて喰うに困り、青物売りの行商を始めました。

毎朝、五百文《もん》ほどはたいて大根を仕入れ、それを一日中大声を上げて売り歩く。そうして得た七百文を持ち帰り、うち五百文は明日の商売の元手。残りの二百文で親子五人がなんとか暮らすという有様。

さて、ある日のこと。

男が一荷の大根を背に、いつものように声を嗄《か》らして行商しましたが、どうしたわけか今日に限ってただの一本も売れません。

もはや昼を過ぎ、腹も空いてきたというのに、財布の中には一文の銭も貯まらぬのです。

「これは困った。背負ったこの大根どもが今日中に七百文に化けねば、明日はたちまち家の釜に蜘蛛の巣が張る。どうしたものか……」

滅入る気分を振り払うように、ことさら大きな売り声を上げながら歩いていますと、本庄の屋敷町の表長屋の窓の内から、

「こりゃ、大根屋」

と呼ぶ声がしました。

「やれ、有難や」

とその家の庭先へ荷を持ち込んで見ますと、縁先の障子を開け放ち、旦那殿が鏡を前にして己の髷《まげ》を整えていました。おそらくつい先刻まで、月代《さかやき》を剃っていたのでありましょう。

旦那殿が、

「おい、その大根はいくらじゃ」

と訊きます。

「へい、三本で百文でございます」

と答えると、

「それはちと高いのぉ。もそっと、まからぬか」

「旦那様、今日はどうしたわけかまだ一本も売れておりませぬ。かといって、掛け値でお売りして損がいきますれば、家族五人が明日からたちまち路頭に迷いまする。どうぞ、百文にてお買い上げを……」

と懇願しましたが、旦那殿は、

「ええい、それにしても高いものは高い。値がまからぬのならば買わぬわ。荷を持って、さっさと立ち去れ」

と言い放って、障子をぴしゃりと閉め立てました。

男は一瞬かっとなりましたが、相手がお侍ゆえ喧嘩も出来ず、

「このまま家に帰ったら、早晩家族揃って首をくくらねばならぬ。どうしよう、どうしよう」

と慨嘆しながら、広げた荷を片付けにかかりました。

とその時、縁先に置いてあった銅盥《かなだらい》にふっと目がとまりました。

さあ、ここが大事の関所です。

心の関守が油断なく目を光らせておりましたら、他人の家の銅盥に目がいくはずがありません。

ところが、大根が売れぬ、銭が足らぬ、妻子が飢える……と思いつめられてもがく故、ついに悪心が起きて、銅盥が目につくのです。

こうしたことは、この大根売りに限ったことではありますまい。私たちだって、親類か

らの無心、商売での思いがけぬ損、あるいは病苦、あるいは貧苦、そうしたものに苛《さいな》まれたら、どうなることか。


こんな話もございます。

天竺《てんじく》の御方が猿を捕るには、難しい工夫は要らぬ。鳥黐《とりもち》をただ無造作に猿の目の前へ投げ出せば済むのだそうです。

猿はこれ幸いと片手で掴みます。

すると指がくっついて離れない。

驚いて、残りの手でひき剥《は》がそうとすると、その手にもまたくっつく。

慌てて右の足をかけて取ろうとすると、またつく。

いよいようろたえて左の足をかけると、これもつく。

こうして、たった一つの丸めた鳥黐のために、両手両足が残らずくっついて、ちょうど括り猿の飾り物のような恰好になります。

そこで見ていた人は近づいて行って、両手両足の間に一本の棒を通して、悠々と背負って帰るのだと言います。

実は、最初に片手がくっついた時、慌てず騒がずそのまましばらくじっとしていますと、手の温もりで鳥黐がふやけて、自然に剥がれるのです。にもかかわらず、かの猿は、辛抱が出来ずに己で勝手に慌てふためき、残りの手や足やらを総動員して、結局、命を失う羽目になったのでありました。

とにかく辛抱が大事なのです。うろたえてはいけません。下手にうろたえると、本来なら気にも留めなかった銅盥が、にわかに欲しくなるのです。

さて、例の大根売りですが、縁先に突っ立って、周囲をきょろきょろ見回しました。目の前の障子は閉まっていて、中からこちらは見えない。辺りに余人はいない。男はこれ幸いと、銅盥へそっと手を伸ばし、こっそり大根の荷の下へ滑り込ませたのです。

さあこうなると、怖ろしいものです。今まで広かった世界が急に狭くなったように感じて、五尺の身の置き場がありません。こそこそと荷を担ぎ出して、そそくさと門口を出ようと致しました。

すると……。

障子の内から、また、

「大根屋」

と呼び声がします。

男はぬかりなく、

「旦那様、ご勘弁を。どうしてもまかりませぬ」

と言って、立ち去ろうとしますと、

「いやいや、もはや値切るまい。お前の言い値で買おう」

と言いざま、侍はからりと障子を開けました。

平静を装って、

「いかほど差し上げましょうか」

と言うと、

「その背の大根を皆、買うてやる。縁先へ並べてくれ」

との返事。

さあ、これには困りました。

まだ障子が閉まっておれば、銅盥を戻す機会もあったものを、侍が目の前に仁王立ちしていてはそれも叶《かな》いません。

言われた通りに荷をすべて背から降ろしたら、下に隠した銅盥が丸見えです、盗みがばれて、おそらくは手討《てう》ちにされてしまうでしょう。

こうなっては仕方がありません。

男はわなわなと震えながら、恐る恐る銅盥を荷から引き出し、土下座して、額を地にこすりつけて、侍に命乞いしました。

「どうかお赦《ゆる》し下さい、お侍様。今朝から稼ぎにありつけず、このままでは一家心中じゃと思い詰めた挙句に、お前様の銅盥に手を出してしまいました。面目次第もございません。お怒りはごもっとなれど、わしがここで斬られましたら、家に残された妻子はそれこそ飢え死するほかございません。命ばかりはお助けを……」

侍はこれを聞いて、言いました。

「おい、大根屋。その荷の大根を残らず買えば、いくらになる？」

言われた値の通りに銭を渡しながら、侍は言葉を継ぎました。

「大根屋よ、ほれ、代金じゃ。それから、この金子にその銅盥も添えてつかわす。貧《ひん》ゆえの盗みとはいいながら、そちの根性はよほど汚れておるものと見える。盥というものは、本来、顔や手足を洗う道具だが、それに限るまい。心を洗うのに使うても良いはずじゃ。さあ、この銅盥を持って、妻子の待つ家へ帰れ。そしてとくと思案をして、心の垢を洗い落とすことじゃ」

侍はそう言うと、ぴしゃりと障子を閉めて内へ入りました。

大根屋は夢を見ているようで、有難いやら恥ずかしいやら、礼もいわずに銅盥と銭を荷の中へ入れて、早々に屋敷を逃げ出しました。

外へ出てようやく我に返りましたが、途端に恥ずかしい想いがぐっとこみあげてきて、そのまま鬱々《うつうつ》と家へ向かいました。

さて、家へ戻った男は、上がり口に腰を掛け、草鞋《わらじ》の紐も解かず、ただ無言で座っています。

平素なら、帰るなり、

「ああ、くたびれた」「今日の稼ぎは幾ら幾らじゃた」「この銭で米と味噌を買うてこい」「わしは今から明日の商いの手配りをするぞ」

とやかましい亭主が、今日に限って物も言わずにうつむいております。

怪訝に思った女房が荷を改めますと、売り上げの銭と一緒に、見慣れぬ銅盥が出てきました。

「あんた、この盥はなんぞいな」

と女房が問い詰めるものだから、亭主は仕方なく、昼間の顚末《てんまつ》を物語って聞かせました。そして己の悪事を語るうち、「女房のお前にも合わす顔がない」と、心底、盗みを悔い、恥じ入ったのでございます。


ここが肝心なところです。

この大根売りは、よい侍に出会ったものです。

侍の有難いご意見に預かったお蔭で、すんでのところで本心へ立ちかえることが出来たのです。

もしもあの時、うまく銅盥を盗みおおせていたとしたらどうでしょう。

おそらく大根売りは盗みの味をおぼえ、最初は震える手で盗んでいたものが、後には盗ることに昂奮をおぼえるようになったことでしょう。

古歌に曰く、

鳴子《なるこ》をば　おのが羽風《はかぜ》に　驚きて
　心と騒ぐ　村雀かな

最初、鳴子の音に驚いていた村雀も、次第に馴れて、鳴子にとまるようになります。盗人もこの村雀と似たようなものです。

慣れぬうちは、己の足音にもびくついていますが、後には石で他人の家の戸を叩き割り、平然と押し込むようになるのです。

この大根売りも、まかり間違えば、後に大盗人になっていたかも知れません。

しかし、かのお侍のお諭しが耳に入り、それが胸に響いたが故に、かろうじて真人間へ立ち戻れました。

この日を境に、大根売りは本心を取り戻し、夫婦力を合わせて昼夜懸命に働き、三年の後には、小さいながらも店を構えて八百屋を営むまでになりました。

そうなってから初めて、夫婦はあの侍の屋敷を訪れ、例の銅盥を返して、篤《あつ》く篤くお礼を申し上げたのでした。

なお、侍はこれをたいそう喜び、以後、この夫婦を屋敷の出入りの八百屋と定めたそうです。めでたい話ではありませんか。


なお、他にはこんな話もございます。

ある片田舎に住む男がにわかに目を患い、失明しました。

困り果てた男は、腕がよいと評判の隣町の医者へかかりました。

医者はひと通り診察しますと、

「まあ、そんなに心配なさらずとも宜しい。お前様の目玉がひどく汚れて、それで見えなくなっただけじゃ。洗って綺麗にすれば、また元通り見えるようになる」

と言うが早いか、慣れた手つきで男の両の目玉をすぽんとくり抜きました。

そして、目玉を焼酎で洗い、吊るし柿でも干すように、竿にかけておいたのです。

ところが……。

これを目ざとく見つけた屋根の上の烏が、

「しめしめ」

と飛来し、目玉の一つを咥《くわ》えて、悠然と飛び去ってしまったのです。

羽音に気付いて医者が駆けつけましたが、後の祭り。

「これは困った。『目玉をひとつ失くしました』などと患者に言えるはずもなし。さて、どうしたものか……」

と思案するうち、庭にうずくまる一匹の犬に気付きました。

「おお、そうじゃ」

と医者は膝を打ち、素早く犬をひっ捕まえますと、苦もなく犬から目玉をひとつくり抜き、これを焼酎で洗って、竿に残っていた目玉と一緒に、患者の元へ持参したのでした。

そして、その二つの目玉を素知らぬ顔で、患者の目の穴へ嵌《は》め込みました。

すると途端に目が見えるようになったので、患者は大喜び。

「さすがは世に聞こえた名医じゃ。有難うございます、有難うございます」

と何度も平伏《へいふく》。

しかし医者は内心、ぼろが出ではしまいかと気が気ではありません。

家へ帰る前に、お手水《ちょうず》を済ませて戻って来た患者に、

「目に大事はござらぬか。見え方に妙なところはないか」

としつこく訊ねました。

最初は、

「いえいえ、調子よう見えております」

と答えていた患者ですが、医者があんまりしつこいものだから、改めてよく考え、ついにおずおずとこう言い出しました。

「先生に言われて、いま一度考えてみますと、確かに少し変わったことがございます」

「そうじゃろう、そうじゃろう。で、何がどう変わりました？」

「ハイ、さきほど雪隠《せっちん》へ参りました折に、ふと下の便壺を覗《のぞ》きますと、片方の目には汚ならしく見え、もう片方の目には何やら好ましゅうに見えました」

片方が犬の目ですから、さもありなんという仕儀でございます。


人間、うろたえ、追いつめられると、この大根売りや医者の如く本心を忘れ、常では考えられぬ悪事に手を染めてしまうことがある。盗みや人殺しのような大層なことでなくても、日々の小さな悪の積み重ねが、己の心の垢を増やしていきます。大切なのは、目玉の洗濯より心の洗濯です。

【参之上】赤子の心を失わぬよう

人は生来の本心に従えば、主や親や目上の者に仕える時、世間の人と交わる時に、力んで余計な気働きをせず、闊達自在《かったつじざい》です。この境地を「至善《しぜん》」と申します。

喩《たと》えを挙げましょう。

生れ落ちたばかりの赤子は、芋虫のようにもごもごと動くばかり。まだ目もあまり見えず、物を言わず、ただギャアギャアと泣くばかりです。知恵や分別があるようには見えません。

にもかかわらず、母親が乳房を口へ含めますと、舌を上手に使って乳を吸います。誰かから教わったわけでもないのに、不思議なことです。

さて、こうした赤子が、やがて大人になります。歳を喰ったというだけで、赤子と何も変わらないように見えます。三十も赤子、五十も赤子、八十も赤子。

しかし、実は変わったところがあります。

赤子には私の心がありません。あるのは至善だけです。

ところが、大人には私《わたくし》の心があります。

そこで昔の賢人たちは、

「赤子の心を失わぬように生きよ」

と教えているのです。

私の心がないとは、至善の境地、平たく申せば「我なし」の境地のことです。「我なし」で向かえば、忠も孝もおのずから務まります。

古歌に曰く、
　我を立てねば　悪事は出来ぬ
　知れよ心に　我は無い

わしは嫁じゃ、わしは姑じゃ、わしは旦那じゃ、わしは娘じゃ、わしは親を大事にしている、わしは奉公に精を出している等と気張っているうちは、「我なし」ではないのです。

例えば、人間は常日頃、己の額のことなど気にも留めていないでしょう。

ところが、何かの拍子にそれを意識し始めますと、必ずや頭痛に見舞われます。

歯のことなぞ平素は忘れているけれども、いったん歯を意識し始めると、何やら痛いように思えてきます。

別の喩えを申しましょう。

弓で矢を放って、みごと的に命中しますと、カチリと音がして、相応の手応えがございます。

けれども、その矢は的のど真ん中に当たったわけではないのです。

的のど真ん中には、実は小さな穴が空いているのですが、もしも矢がそこへ命中しますと、カチリという音もせず、射た人には何の手応えもないのです。

それがいわば「至善」です。「我なし」の状態です。

カチリカチリと音のする間は、まだ我がある状態だと思いなさるが宜しかろう。

また、万一、大間違いに間違って人の道を踏み外したり致しますと、する事なす事、ちょうど矢が的ならぬそこらの幕へ当たったようなもので、尻すぼみにぼそぼそと地へ落ちてしまいます。情けないものです。

ただ、こう申しましても、

「聖人の道じゃの、仁義じゃのと、くどくどしく申しておっては、この世の中を渡ってはゆけぬ。そんな遠回りは真っ平御免、何事も近道を行くのが当世風じゃ」

と言い張る御仁が居られることでしょう。

ところが、その近道なるものが、存外、あてにならぬものなのです。


それについては、こんな話がございます。

ある所に、何事も近道を好むせっかちな男がおりました。

この者がある時、一人旅を致しましたが、道中で急に便意を催しました。

もうしばらく行けば宿屋に着くというのに、困ったものです。男は、

「大便をするのに茂みへ入れば、そのぶん時間を喰って、道がはかどらぬではないか」

といまいましく思いましたが、催しているのは小便ではなく大便ゆえ、まさか歩きながら垂れるわけにもいかず、とうとう我慢しきれずに、そこらの汚い雪隠へ駆け込みました。

用を足しながら、

「この旅の遅れをどうしたら取り戻せるか」

と思案していた男の脳裏に、ぱっと妙案が浮かびました。

「ここで大便を垂れてぐずぐずした後、次の宿場まで行き、部屋で寛《くつろ》いで飯を喰うと、

休息が二重になって、またまた旅がはかどらぬ。時間を浮かせるために、ここで弁当を喰おう」

男は荷から焼いた握り飯を取り出し、あろうことか雪隠の中でむしゃむしゃ食べ始めたのでした。

と、その時……。

一匹の蜂が外から雪隠へ飛び入ってきて、男の尻を刺しました。

仰天した男は手で蜂を払いのけましたが、その拍子に、握り飯はぼちゃんと下の便壺へ。

男はしばらくその沈んだあたりを見つめていましたが、やがて言いました。

「ははん、でかした。これが近道じゃ」

考えようによっては、これほどの近道はありますまい。

口から入った握り飯は、確かにやがては糞として体の外へ出て、便壺へと落ち込みます。

しかしながら、それが胃や腸を通ってこなれ、滋養になってこその握り飯なのでございます。

いくら近道じゃというて、握り飯をいきなり便壺へ叩き込んで、何の役に立ちましょうや。

皆様も、この男のことを笑えないのではございませんか。

金儲けの近道をしたつもりが相場に引っかかって大損をこき、出世栄達の近道を選んだつもりがこずるい奴に騙《だま》され、婚礼の近道をしたと思えば先方の親と喧嘩して追い出される……。

これもひとえに、近道を求める気の短さ、安易に結果だけを得ようとする浅ましさのせいなのです。

古歌に曰く、
急がずば　濡れざらましを　旅人の
あとより晴るる　野路の村雨

あともう少し辛抱して雨宿りしておれば、俄雨《にわかあめ》は去って晴れたというのに、我慢しきれずに飛び出して行った旅人は、ずぶ濡れになってしまいました。

私たちはこの旅人に似ております。

あとほんの少し辛抱したら、時節が到来して活路が見出せるというのに、欲に目がくらみ功をあせって、事を台無しにしてしまいがちです。

利欲で盲目になった人は、何事も己の才覚ですぐに出来ると思い込み、己の作り上げた無理無体《むりむたい》に己ではまりこんで、悩み苦しみます。

そうならぬためには、まず本心を知ることです。

本心を知れば無理を押し通す愚行はやみ、日々の暮らしの平安が得られます。


こんな話がございます。

ある男が亡くなって、有難くも極楽へ参りました。

すると主の阿弥陀如来が出御《しゅつぎょ》しておっしゃったことには、

「そなたも、今日から極楽の仲間入りじゃ。それについては、このさき暮らす極楽の様子をひと通り知っておかねばならぬ」

そして、傍らの観音に男の案内役をお命じになられました。

男はてっきり、豪華絢爛《けんらん》な御殿や目を剥《む》くほどに美しいお花畑などを見せてもらえるものと期待に胸を躍らせました。

しかし……。

男が最初に連れて行かれたのは、地味なお堂でした。

中へ入りますと、質屋の蔵のように四方に沢山の棚が設えてありまして、夥しい数のきくらげと数の子が積み上げてあります。

男はてっきりここが極楽の調理場かと思い、

「観音様、この仰山《ぎょうさん》のきくらげは、皆、仏様方のお食事に出されるのでございますか」

と訊ねますと、

「いやいや、あれはきくらげではない」

「では、いったい何でございますか？」

「うむ、教えてつかわそう。娑婆《しゃば》の人間は折に触れて寺で談義説法を聞き、仏の教えは有難いものじゃと思うであろう。ところがそう思うばかりで実際の行いはちっとも改まらず、悪事ばかり働きおる。そうした者が死ぬと、身体は無間地獄《むげんじごく》へ落ちるが、尊い教えを聞いた耳だけは極楽へやって来る。つまり、あれはきくらげではなく、耳の仏じゃよ」

聞いた男が、

「はあ、なるほど……。耳の仏の方は合点《がてん》が参りました。然らば、あの数の子はどうしたわけでここにあるのですか？」

と問うと、観音が苛立って答えたことには、

「愚か者め。極楽に数の子がごとき生臭物《なまぐさ》があると思うか。あれは数の子ではないぞ。婆婆にある時、他人には人の道を偉そうに説教しながら、己は忠孝も仁義もお構いなしに気儘放題に暮らした、そんな不心得者が死ぬと、有難い教えを説いた舌だけが極楽へ来る。つまりあれは、舌の干物じゃ」

私たちは、己の止まるところを知らねばなりません。

主人は家来を憐み、家来は主人を敬い、子は親に孝、親は子を慈しみ、世間の人とは実直に交わる。それがお互いの止まりどころです。

もしもその場所を踏み外しますと、何処まで落ちて行きますことやら……。

己の不料簡に気付かず、時節が悪いの鬼門が祟《たた》るのと言って、親から受け継いだ家屋敷を切り崩したり、家相や地相のせいにする輩も多いです。

別に家相や地相がどうでもよいと申すのではございません。それぞれに深い道理があるのでしょう。

しかし、人生という算用《さんよう》の根本はそれらではなく、繰り返し申し上げております通り、人の心なのです。

心が歪んでしまっていたら、家相がよくても恵方《えほう》であっても無駄でしょう。内の病は外から膏薬《こうやく》を貼っても治りません。易者に、

「あなたは人相が宜しくない」

と言われたところで、それを聞いて曲がった鼻がまっすぐになるわけではありません。けれど、心の立て直しが出来たなら、何やら険しかった顔も柔和になり、下品な振る舞いもいつしか上品になって参ります。大切なのは、心の持ち方です。

こんな話があります。

ある男が商売のかたわら、慰みに面を打ちました。

すると道で会った友人から、

「最近、顔色がよくないぞ。何か気に喰わぬこと、腹を立てていることもであるのか？」

と問われました。

男は合点がゆかぬまま、

「いや、別に。腹を立てていることなどないよ」

と答えますと、相手は怪訝そうな顔で去って行きました。

それからしばらくして、また別の面を打ちました。

その頃、偶然にも例の友人が家へ訪ねてきたので、過日のことを思い出し、男が、

「今日の俺の顔色はどうだね？」

と訊きますと、友人はにっこりして、

「今日は至極ご機嫌な顔つきだ。以前に会った時とは大違いだ」

と答えました。

この時、男は初めて気付いたのでした。

「以前、こいつに会った頃は、ちょうど鬼の面を打っていた。目をいからせ、歯を剥いた怖ろしい形相《ぎょうそう》を工夫していたから、その心が知らぬうちに俺の顔に現れていたのに違いない。それが証拠に、今はお多福の面に取り組み、日々愛嬌《あいきょう》を思いながら打っているので、俺の顔は柔和に見えるとさ」

心とは、かくも大事なものなのです。

まずは心を正しくして、家業に精を出されることをお勧め致します。家相や地相をみてもらうのは、それからでも遅くありません。

【参之下】我なしで務める道

水鳥の　ゆくもかえるも　跡絶えて
されども道は　忘れざりけり

飯炊きのおさんどんが、ある朝、眠い目をこすりながら釜の前で火打石をカチカチ。この時、

「わしは大和の新口村の、藪《やぶ》の傍の治郎兵衛の後家の娘のおさんじゃ」

と思いながら打つのではない。手で打つやら足で打つやら、さっぱり分からぬが、さりとて道は忘れません。やがて、立派に釜の下は燃えます。

座敷では旦那様が神棚の前に立ち、池の鯉でも呼ぶかのように手をパチパチ。この時、

「わしは千貫持ちじゃ、いや万貫持ちじゃ」

と思いながら手を打つのではない。立っているやら座っているやらさっぱり分からない

が、されども道は忘れぬもので、子孫長久・商売繁盛を立派に願い祈ります。朝から晩まで「我なし」で勤める。安楽なものです。これを「至善に止まる」と申します。

至善と言いますと、何やら窮屈で鹿爪《しかつめ》らしいもののように思われがちですが、そうではありません。

皆様が日がな一日、何気なくしておられることが、残らず至善の働きによるのです。

こう言うと、

「ならば、俺が女郎を買うのも博奕《ばくち》をうつのも、みな至善か」

とおっしゃる御方もおられようが、そうは参りません。

女郎を買い博奕をうつのは、至善では出来ません。「我なし」の境地では出来ません。いい目がしたい、金が欲しいという「我あり」ゆえの所業にございます。

他人に見つからぬか、聞かれてはおらぬか、家族はどう思うであろうかと、胸にやましさをおぼえつつ暮らすのは、誠に辛いことでしょう。

己の心に咎めることがあるのは、我なしとは申せません。

どうか日々ご機嫌よろしゅう、「我なし」でお勤め頂きたいと思います。

ここで、この「我なし」を素晴らしくお勤めになられた御方の話を致しましょう。

昔、越前国大野郡に次郎右衛門という百姓がおりました。女房に早くに死に分かれ、倅《せがれ》を一人もちまして、名を次左衛門といいました。

親子二人で耕作に明け暮れしていましたが、やがて息子がいい歳になってきたので、親類は嫁を貰えとしきりに勧めました。しかし、次左衛門はこう言って断り続けました。

「父がだんだん年をとって参りましたので、せめて要らぬ心労をかけぬようにしたいのです。私が嫁を貰えば、少々気に入らぬことがあっても父は辛抱せねばならず、気苦労を増やすだけです。それ故、嫁は貰いますまい」

さても優しい心根《こころね》です。

さて、父の次郎右衛門は殊のほか長生きでした。八十を過ぎた頃から、老いぼれて言動が乱れ、小児のようになりました。それでも九十六歳まで生き永らえたのです。

その晩年の十六年間、分別を失った老親に仕えて、次左衛門は一度も親に背かず、「我なし」を全う致しました。

その行状をいくつかご紹介しましょう。

ある年のこと。次左衛門が所用でご城下の某家を訪ねました。あいにく、みぞれまじりの荒天でした。

亭主が出迎えますと、次左衛門は蓑笠《みのかさ》なしの濡れ鼠です。

驚いた亭主が、

「今朝は早くからみぞれが降っておりましたのに、そなたはなぜに蓑笠を着ずに来られましたのじゃ。さあさあ、早く衣類を脱ぎなされ、火にあぶって乾かしてしんぜましょう」

と声をかけたところ、次左衛門が笑いながら言ったことには、

「いえいえ、それには及びません。濡れ歩くのはいつものことです。父の言いつけを守ってやっておること故、今まで風邪などひいたことがございません。今朝も今朝とてみぞれが降っておりましたので、出掛けしなに蓑笠を準備しておりましたが、父が『この天気の良い日に蓑笠を着て道を歩くと、他人様に笑われるぞ。やめておけ』と申しましたので、蓑笠を着ずに出立《しゅったつ》致しました。どうかお気になさらず……」

至善、我なしの境地にある人は、自然と気が満ちていささかも隙《すき》がないので、実際、風邪などひかないのでしょう。

一方、外は寒いから風邪でもひいたら一大事じゃと座敷の炬燵《こたつ》に陣取り、暖をとると称

して酒ばかり喰らっているような体たらくに限って、ちょっとした隙間風で体調を崩し、病に懊悩することになるのです。

忠孝は皆様の身体の養生にもなるのですよ。よくお考え下さいませ。

また、ある時、次左衛門は菜種《なたね》を売り、金三歩《ぶ》を手にしました。金を父に見せ、

「例の菜種が、ほれ、この通り、三歩に売れました」

と見せますと、父はニコニコして、

「その三歩のうち二歩をわしに寄こせ」

と言いました。

次左衛門は、

「はい、どうぞ」と直ぐに手渡しました。

「この金をどうすうつもりだ」「何に使うのか」などとは一切申しませんでした。

父は二歩を財布に入れて首に掛け、

「うちの馬は近頃、ずいぶん弱った。わしはこの二歩の金をうちの馬に添えて博労殿に渡し、もっといい馬に換えてもらおうと思う」

と言い出しました。

もとより小百姓のこと故、かの家に馬などおらぬのですが、次左衛門はただニコニコして、

「おお、それはよいところに気付かれました。どうぞ、お眼鏡に適うよい馬と換えてきて下さいませ」

と返事だけして、ひと言も咎めませんでした。

父は老齢なのに妙なところでは達者だったとみえまして、さっそく杖にすがってご城下へ参りましたが、博労を探すうちに一軒の古道具屋の前に至りますと、なぜかそそくさと店へ入りました。

そして、縁の欠けた酒杯と剥げや疵《きず》だらけの印籠《いんろう》を手にとって、しげしげと眺め始めたのです。やがて、

「これはいくらじゃ」

と問いましたので、心がけのよくない店の亭主は、

「ここはひとつ、このジジイからふんだくってやろう」と考え、

「お買い得ですよ。合わせて二歩でございます」

とふっかけました。

次郎右衛門は大いに喜んですぐに買い求め、急いで帰宅しました。

そして息子に、

「今日はご城下でよい買い物をした。この品々を見よ」

と見せびらかしたのです。

「この酒杯の欠けたところは、塗屋に言うて直してもらえば、今度、客があった時に出せる。この印籠には薬を入れて、お前が外に出る時に腰に提げたらええ。急に腹が痛くなっても、これがあれば安心じゃ」

これを聞いた息子は、

「それはそれは有難うございます。お気遣い頂き、嬉しゅう存じます」

と心底、喜んだといいます。

耄碌《もうろく》した父を貶《おとし》めず、あくまで親は親として敬い、我というものを立てず、我なしの様で接したのでございます。尊いことです。

なお、こうした孝心を後に人づてに聞き、己の不心得を恥じた、かの古道具屋の主人は、金二歩を持参して次左衛門を訪ね、重々に詫びを言うて、例の酒杯と印籠を買い戻し

て城下へ帰って行ったそうです。

また、ある年の秋のはじめ。

父の次郎右衛門が己の田を見回りに出ましたが、家へ戻ると直ぐに息子を呼び寄せ、

「他所《よそ》の田はみな刈り入れを済ませておるのに、なぜうちの田だけ刈らぬのじゃ。早う行って、済ませてこい」

と命じました。

次左衛門は、

「ちと遅れていて申し訳ございません。今から行って、刈って参ります」

と言って鎌を腰にさして出掛け、やがて少々刈って持ち帰ってきたのでした。

真実を申せば、秋のはじめとはいえ、まだどこも青田なのでございます。

にもかかわらず、ひと言の文句も言わずに青田を刈る次左衛門の姿を見て、感心せぬ者はありませんでした。

この孝行者の話はまだございます。

次郎右衛門が九十を過ぎたある日のこと。次郎右衛門は息子を呼び寄せ、

「お前の月代《さかやき》は伸び放題で見苦しい。久しぶりにわしが剃ってやるによって、剃刀《かみそり》を持って来い」

と言いました。

息子は、

「近頃は忙しさにまぎれて、月代の手入れを怠っておりました。どうぞ剃って下さいませ」

と言うと、促されるままに父に膝枕して、剃られるに任せたのです。

こう聞くと、

「いくら孝心かは知らぬが、耄碌した者に剃刀をも持たせるのは行き過ぎだ。己もさることながら、年寄りが怪我をしたら如何する」

という理屈をおっしゃる御方もおられましょう。

勿論、それも一理あるのですが、次左衛門の境地はそうした理屈をもはや超えておりました。

と申しますか、先に先に妙に知恵が回りますと、「我なし」に達するのは難しいのです。

次左衛門にとって次郎右衛門はただ親というだけで尊い存在です。彼の目には、剃刀を手にして危うげな耄碌ジジイとはうつっていないのです。そうでなければ、老親の膝に頭を置いて身を委ねることなど怖くて出来ないでしょう。

ともあれ次郎右衛門は震える手で月代を剃りにかかりましたが、器用にこなせるはずもなく、息子の左の鬢《びん》をぞりと剃り落としてしまいました。

しかし当人にとってはそれが会心の仕上がりらしく、剃った跡を誇らしげに撫《な》で擦《さす》って、「うむ、これですっきりした。見栄《みば》えがようなった」

と頷《うなず》きました。

息子も、「ほんに」と、二人で大笑いしていたちょうどその時、用事で庄屋が訪ねて来ました。

次左衛門は先ほどからの様子を話して聞かせて、鬢のことなど一向に気にしていなかったといいます。

これらの行状はやがてお殿様の耳にも入り、褒美に仰山の米が下しおかれた由。

さて、そうこうするうち、次郎左衛門は九十六歳で病死しました。甥《おい》を養子に迎えていた次左衛門も、その時、七十歳の老境でした。

ちょうどその年、ときの太守は殊のほか仁恵《じんけい》が深く、領内の六十歳以上の老人へ御酒を下賜《かし》せよと下知《げじ》なさいました。

村役人宅に老人たちが出頭し、めいめいが己の年齢を申告。それを役人が帳面に記すわけなのですが、かの次左衛門だけが、何度問うても年齢を言わぬのです。

村役人は、

「ご領主様が御酒を下さるによって年を訊ねているのじゃ。何を恥じることがあろうか。ただ正直に申せ」

としつこく促しますが、埒があきません。

苛立った村役人はとうとう、

「これ以上、隠し立てをするのなら、別の役人が来て、厳しく詮議を致すことになるぞ。仔細があるのなら、申してみよ」

と脅しにかかりました。

ここまで言われると、さしもの次左衛門も隠してはおけず、真実を語り始めたのです。

「実はお恥ずかしきことながら、年齢を申さぬのは父の遺言なのでございます。生前の父からよくこう言い聞かされておりました。

『世の人に年を訊ねられても、どうか答えんでくれ。お前が四十になるの五十になるのと聞かされるたびに、わしは親として何やら心細うなるのじゃ。だから、年を言うてはならぬぞよ』

その言葉が今でも耳に残っています故、この儀ばかりは、どうぞご勘弁なされて下さりませ」

そう言って涙を流す次左衛門の姿に役人は心動かされ、このことを早速、上司へ申し上げました。

やがてそれがお殿様のお耳にも達し、次左衛門には更なる褒美が下しおかれました。

どうか皆様におかれましても、無分別はそろそろ止めにして、至善の場に留まり、「我なし」の境地でお勤め頂きたいものでございます。

（以上）

あとがき

本書には、『鳩翁道話』（一八三五年）、『続鳩翁道話』（一八三六年）の意訳を収めました。緩急を心得た鳩翁さんの口吻を、現代語でどこまで伝えられたか心配ではありますが、それよりなにより、とにかく、彼の説くところを、現代の皆さまに知って頂きたい一心で本書を綴りました。その意気に感じて出版に踏み切って下さった青娥書房さん、誠に有難うございます。

そして、最終頁までお付き合いくださった、読者各位は勿論のこと、鳩翁の貴重な口演を、余さず遺してくれた柴田武修さん（鳩翁の息子）にも深甚の謝意を表して、筆を擱きます。

二〇二四年六月　吉日　**福井栄一**　拝

【訳者略歴】

福井栄一（ふくいえいいち）

上方文化評論家。

四條畷学園大学看護学部客員教授。

１９６６年大阪生まれ。京都大学法学部卒。

京都大学大学院法学研究科修了。法学修士。

日本の歴史・文化・民俗・祭礼などに関する講演を国内外でおこない、テレビ・ラジオ出演も多数。

著書は、『十二支妖異譚』『十二支外伝』（いずれも工作舎）、『鬼・雷神・陰陽師』（ＰＨＰ研究所）など合計四十五冊を数える。

剣道二段。

https://www7a.biglobe.ne.jp/~getsuei99

現代新訳　鳩翁道話

2024年7月5日　第1刷

著　　者　柴田鳩翁
訳　　者　福井栄一
発 行 者　築道寛親
発 行 所　青娥書房
東京都千代田区神田神保町2-10-27　〒101-0051
電話 03-3264-2023　FAX03-3264-2024
印刷製本　モリモト印刷

ISBN978-4-7906-0402-0　C0012
＊定価はカバーに表示してあります